KB235144

멘토링목회

경쟁력탄생

셀프업 **28**

멘토링목회
경쟁력탄생

| 류재석 지음

1. 이 책의 개요(Outine)

이 책은 교회 멘토링 On/Off Line 통합시스템 운영방법을 소개하는 것으로 21c 최첨단 목회로 인간성 바탕 위에 양적, 질적, 영적으로 경쟁력 강화를 통하여 목회자에게 희망을 주기 위한 목적으로 집필되었다.

주요 내용은 멘토를 체계 있게 양성하는 방법과 목회자 오정현, 송길원 이성희 목사 등 6명의 멘토링 전략에 관한 칼럼, 21세기 New Trend 목회로 3가지, 즉 인간존중기법, 모니터링기법, 전산시스템 운영기법 등 경쟁력 탄생 주제, 그리고 멘토링 도입 실무 12개월 운영 방법으로 4단계 과정과 마지막으로 ON/OFF Line 통합시스템으로 목회 생산성 향상과 21세기 교회 경쟁력 강화방법을 다루었다.

이 책은 목회자 신학생, 교회 직분자와 기관 및 부서장, 청소년 지도자, 인간존중에 관심이 있는 자, 교육자, 멘토링에 관심 있는 자, 특히 평신도 멘토 등 멘토링 활동에 직접 참여하는 자들에게 개인 및 단체 선물로 적극 추천한다.

2. 이 책의 서언(Preface)

당신은 어떻게 다른 사람에게 놀라운 영향을 끼칠 수 있을까? 하나님께서는 어떤 종류의 사람을 선택하여 사용하실까? 하나님께서 우리를 준비하시고 부르시고 구원하시고 은사를 주신 이유는 이 세상에 변화를 일으키고, 영향을 끼치기 위해서이다. 불행히도 너무 많은 사람들이 그 비전을 상실한 것 같다. 영향을 끼치는 사람들이 되는 대신 그들은 영향을 받는 자들이 되었다. 본을 보이기보다는 따라가려고 애쓰고 있다.

하나님께서는 당신에게 사역을 맡기셨다. 그 사역은 사람들을 예수 그리스도께로 가깝게 가도록 움직이는 것이다. 믿음의 가족 밖에 있는 사람들을 안으로 불러들여야 한다. 안에 있지만 그리스도로부터 멀리 떨어져 있는 사람들을 가깝게 끌어들여야 한다. 가깝게 와 있는 사람들을 성숙하게 만들어야 한다. 장래에 영향을 끼칠 수 있는 가장 위대한 수단은 다른 사람의 삶에 영향을 끼치는 것이라는 것이다. 이 과정을 멘토링(Mentoring)이라고 부른다.

우리 중 어느 한 사람에 대해서도 그가 역사의 장에 슬그머니 들어와서 우리 인생을 살고 조용히 다시 나가서 이 세상과 영원을 위해서 어떤 공헌도 하지 않는 것을 하나님께서는 결코 원하시지 않는다. 하나님의 능력이 당신 속에 역사하셔서 당신이 이 세대에서와 그 다음 세대에서도 계속 지속되는 중요한 영향을 끼치게 되기를 하나님께서는 원하신다.

그리고 우리의 교회를 돌아볼 때, 우리는 거기에서도 멘토링이 비할 나위 없이 필요함을 발견하게 된다. 교회의 수많은 역량 있는 학생 그리고 청소년 더 나아가 평신도들이 장차 기독교 지도자들이 되어 선봉에 서게 될 젊은이들을 지켜보는 특권을 누리고 있다. 그러나 몇 년 전에 나는 한국교회에서 한 문젯거리를 발견했다. 이 유망한 젊은 청소년들 중 멘토가 있었던 사람은 거의 없다는 것이다. 나는 많은 교회 학생들에게서 똑같은 이야기를 듣는다. "장로님, 제게는 제가 보며 배울 수 있는 사람이 한 명도 없습니다. 제 삶 속에 영향을 남겼던 분이 한 명도 없었습니다."

모세가 평신도를 개발하여 중간지도자에게 업무를 위임한 사례와 같이 오늘날 목회 현장에서 평신도 멘토제도를 도입하여 의사소통이 원활한 목회(Two way 목회)를 지향해야 한다.

아울러 교회 멘토링 활동에서는 예수님의 한 사람 중심으로 인재개발의 뜻을 살려 이미 제자훈련으로 양성해 놓은 고급인력을 멘토화하여 목회와 병행한다면 큰 효과가 있을 것으로 기대한다.

교회 멘토링의 목적은 멘토링 활동 프로그램을 전문가적인 입장에서 체계적으로 관리하여 투자(사람투자, 시간투자, 자금투자 등)에 상응한 양적, 질적, 영적 경쟁력 향상 기법과 인간성 바탕 위에 저비용 고효율의 목회 생산성 효과를 얻고자 함이 목적이다.

3. 이 책의 내용(Contents)

Part 1 멘토링 원리와 의미

성경에서 특히 유대인에게서 멘토링 제도의 시초는 모세오경에서 소개되고 있는 할례제도에서 유래하고 있다. 낳은 지 8일 만에 남자아이의 할례 시술에는 세 사람이 참석하게 되는데 아버지, 의사(모헬), 그리고 잔닥(오늘날 유대인 랍비 또는 멘토 대행)이다.

여기에서 잔닥의 역할은 의사가 시술에 임하게 되면 어린아이를 껴안아 보호하게 되는데 훗날 이 아이의 신앙지도와 사회생활지도를 맡게 된다. 바로 오늘날 유대인의 랍비 역할과 천주교의 대부모제도와 흡사하다고 볼 수 있다.

저자는 멘토링의 두 가지 흐름을 호머의 저서 그리스 신화를 중심으로 한 멘토 제도와 모세 오경에 기초한 유대인의 잔닥제도에서 랍비제도와 천주교의 대부모제도로 구분하여 소개하고자 한다.

제1장 그리스의 신화에서 멘토 제도
제2장 유대인 잔닥 / 천주교 대부제도
제3장 오늘날 교회 멘토링 의미

Part 2 교회 멘토링 필요성

교회론의 가장 큰 이슈는 '교회가 왜 존재하는가?'라는 물음이다. 이 질문은 '교회의 사명이 무엇인가?' 하는 질문과 동일한 것이다. 한국 교회는 이 질문을 답하는 과정에서 역사적으로 두 유형의 모델을 세워 나갔다. 하나는 전도를 통한 '교회 양적 성장'이며 다른 하나는 '교회 질적 성숙'이다. 이와 같이 양적인 성장과 질적인 성숙이라는 두 바퀴가 서로 같이 구를 때만이 교회가 건강하다고 볼 수 있다. 그러나 오늘날 목회의 현실은 어떠한가? 한국 교회 초기부터 오늘날 현재까지 헝그리 목회, 기복적인 목회, 그리고 설교와 성경공부 중심의 하이테크 목화 중심에서 크게 벗어나지 못하고 있는 시점에서 멘토링 전략 차원에서 대안을 제시하고자 한다.

제1장 오늘날 멘토링의 중요성
제2장 오늘날 멘토의 필연성
제3장 한국 교회 멘토링의 필요성

Part 3 멘토링 칼럼(Column)

국내 멘토링계에 선도적인 역할을 담당하고 계시는 아래 분들의 강의안, 기고문, 제공자료를 선별하여 소개한다. 특히 순장제도, 제자훈련, 셀그룹 코칭제도 등과 유사한 멘토링 제도에 올바른 개념 정리가 되었으면 하고 기대한다.

제1장 송길원(하이패밀리대표)
  주제: 패밀리 멘토링(Family Mentoring)
제2장 박건(예전교회 목사)
  주제: 멘토링과 소그룹
제3장 김명호(국제제자훈련원 목사)
  주제: 제자훈련과 멘토링
제4장 오정현(사랑의 교회 목사)
  주제: 멘토링의 교회적용 이렇게 한다
제5장 이성희(연동교회 목사)
  주제: 제자훈련과 교회침체

제6장 유종성(월간 『빛과 소금』 편집장)
주제: 한국 교회 양육 리더십, 멘토링으로 갱신하라

Part 4 멘토 체계적 양성방법

멘토는 우리가 쓰고 있는 은유적 용어인 스승(Mentor)이라는 말의 기원이다. 모든 묘사적인 언어처럼 멘토는 사람들에 따라 각기 다른 의미를 가진다. 멘토는 주인, 인도자, 본보기, 지도자, 선생, 아버지 같은 사람, 트레이너, 가정교사, 조언자, 상담자, 코치일 수 있다. 그리고 그 외에도 더 많은 가능성이 있으므로 멘토의 역할의 정확한 정의는 인간경영을 주도하는 리더(Leader), 즉 포괄적인 존재라고 말해야 할 것 같다. 이와 같이 리더격인 멘토에 관하여 아래 내용과 같이 체계적인 양성방법을 제시하고 아울러 멘토링 활동의 성공 여부를 촉진하고자 하는 것이다.

제1장 멘토 개발의 의미
제2장 평신도 멘토 개발기술
제3장 멘토 개발 교육 프로그램

Part 5 교회 개발 멘토링 도입방법

지역교회가 꼭 해야 할 일은 차세대를 준비하는 일이다. 우리의 후손들이 믿음의 터 위에 든든히 서도록 잘 교육하여 다음 세대에 은사대로 꽃을 활짝 피게 해야 할 책임이 기성세대에게 있다. 기성세대가 다른 것은 몰라도 이것만은 꼭 뒷받침해야 할 사명이 있다.

사울왕시대와 같이 썩고 냄새나고 무력하기 짝이 없는 고목 같은 상황에서도 잘 키우기만 하면 다윗의 시대가 온다는 것을 깨달아야 한다. 다윗시대를 예비하는 오늘 이 시대의 도구(tool)가 바로 멘토링이다. 하나님은 처음과 나중이다. 영원토록 자존하시는 분이다. 그러므로 어느 한 세대에서만 영광을 받으셨다고 만족하시는 분이 아니라, 세대를 이어가면서 두고두고 영광을 받으시는 분이시기에 다음 세대에 부모의 은혜를 상승시키기 위해서라도 가장 필요한 것이 멘토링이 아닌가 한다.

제1장 교회 개발 멘토링 모범
제2장 교회 개발 멘토링 도입 분야
제3장 교회 개발 멘토링 도입 실무

Part 6 멘토링 목회 경쟁력 탄생
[New Trend 목회 경쟁력]

교회론의 가장 큰 이슈는 '교회가 왜 존재하는가?'라는 물음이다. 이 질문은 '교회의 사명이 무엇인가?' 하는 질문과 동일한 것이다. 한국 교회는 이 질문을 답하는 과정에서 역사적으로 두 유형의 모델을 세워 나갔다. 하나는 전도를 통한 '교회 양적 성장'이며 다른 하나는 '교회 질적 성숙'이다. 이와 같이 양적인 성장과 질적인 성숙이라는 두 바퀴가 서로 같이 구를 때만이 교회가 건강하다고 볼 수 있다. 그러나 오늘날 목회의 현실은 어떠한가? 멘토링 New Trend 차원에서 목회 경쟁력 대안을 제시하고자 한다.

New T1. Hightouch 목회 경쟁력

New T2. 모니터링 목회 경쟁력

  Tool 1 SWOT 분석기법 – 직분자 그룹 작성

  Tool 2 만족도 기법 – 평신도 그룹 작성

  Tool 3 인격지수 기법 – 목회자 그룹 작성

New T3. 전산시스템 목회 경쟁력

Part 7 멘토링 현장 운영관리
Mentoring Management

멘토링 프로젝트를 구체적으로 추진하기 위하여 4 – Process인 추진과정, 교육과정, 활동과정, 평가과정에서 운영 프로그램을 작성하는 단계다.

추진 및 활동 조직구축, 인력확보, 프로그램개발, 교육계획 멘토/멘제 활동계획 그리고 최종 평가 프로그램을 다룬다. 프로그램을 먼저 작성 후 필요 예산 편성을 하여 활동을 지원하고 인간성 바탕 위에 생산성 확보를 목적으로 활동을 추진한다.

대부분 사람이 잘못된 선입견으로 멘토링이 1회성 단기적인 교육프로그램으로 인식하고 있다. 이 테마에서는 멘토링 활동이 과정(Process), 즉 중·장기적인 기간의 필요성과 특히 조직에서 최단기적으로 적용하는 12개월의 타당성과 구체적인 일정 그리고 예산편성을 다루었다.

* 이 책의 출간 감사 Thanks

멘토링 코리아 설립 당시(1998. 2. 1) Bob Biehl 박사(美 멘토링 전문가)와 William Gray 교수(加 브리티시 대학)로부터 전화, 이메일, 책자 등의 귀중한 자료를 제공받은 것에 대하여 두 분에게 진심으로 감사를 드린다.

초창기부터 한국적인 정서에 맞는 올바른 이론 정립과 생산성 확보에 필수적인 실행 프로그램을 개발하는 데 전문연구원으로 동참한 민홍기 박사, 김영회 박사, 최창호 박사, 최명국 박사, 탁충실 위원 그리고 최근에 합류한 김순환 박사, 이제빈 박사, 한광훈 박사, 김해영 박사, 조병용 박사, 김동철 박사, 김성일 군목, 조주영 박사, 안만수 박사, 전종현 위원, 박화현 위원, 문일상 위원에게 감사를 드린다.

멘토링 자격증을 취득하고 전문업체로 멘토링 보급에 파트너십을 하고 있는 김호정 원장(멘토링솔루션), 이용철 원장(한국멘토링코칭센터), 나병선 대표(멘토링코리아컨설팅), 홍은경 소장(핸즈코리아), 이영남 대표(SMI KOREA), 신정범 목사(큰비전교회), 이순길 목사(소망교회)와 그 외 현장에서 멘토링 보급에 앞장서고 있는 66명 멘토링 지도사에게 감사를 드린다.

멘토링 불모지 한국에서 정부기관 도입에 앞장선 노동부 부천지청 최광휘 사무관, 농림수산부 신경순 사무관, 지식경제부 김영화 서기관, 행정안전부 이정래 서기관, 그리고 최근 교육과학기술부 임용우 팀장님께 감사를 드린다.

멘토링은 저자에게 하나님이 25년 만에 기도의 응답으로 주신 선물(Gift)이다. 이에 감사하는 마음으로 멘토링에 열정을 가지고 다이아몬드와 같은 고품질의 프로그램으로 개발하여 1) 하나님께 영광, 2) 조직개발에 기여, 그리고 3) 많은 사람에게 유익을 주고자 한다(고전 10:31~33).

저자의 멘토로서 8년간 저자에게 청교도 삶을 각인시킨(1980~1988) 故 김용기 장로님(가나안농군학교설립자)과 대를 이어 멘토링 관계를 이어오고 있는 김평일 가나안농군학교 교장께 감사를 드린다.

이 책이 발간되기까지 짧지 않은 세월 속에서 기도의 응원군인 서현교회 김경원 목사님과 성도님들, 그리고 저자의 에너지 근원이 된 아내 임금자를 포함한 가족인 류환, 류현, 한현숙, 류경헌, 류지영, 안성훈에게 감사를 드린다.

마지막으로 어려운 여건 속에서도 기꺼이 출판을 맡아 수고한 한국학술정보㈜ 출판사 임직원님께 심심한 감사를 드린다.

2010. 01. 01.
류재석 드림

Part 1

멘토링 원리와 의미

성경에서 특히 유대인에게서 멘토링 제도의 시초는 모세오경에서 소개되고 있는 할례제도에서 유래하고 있다. 낳은 지 8일 만에 남자아이의 할례 시술에는 3사람이 참석하게 되는데 아버지, 의사(모헬), 그리고 잔닥(오늘날 유대인 랍비 또는 대부대행)이다.

여기에서 잔닥의 역할은 의사가 시술에 임하게 되면 어린아이를 껴안아 보호하게 되는데 훗날 이 아이의 신앙지도와 사회생활지도를 맡게 된다. 바로 오늘날 유대인의 랍비 역할과 천주교의 대부모 제도와 흡사하다고 볼 수 있다.

저자는 멘토링의 두 가지 흐름을 호머의 저서 그리스 신화를 중심으로 한 멘토 제도와 모세오경에 기초한 유대인의 잔닥제도에서 랍비제도와 천주교의 대부모제도로 구분하여 소개하고자 한다.

Episode ◀ 한 사람의 미래지도자

"아니! 교장선생님이 웬일이야." 어느 날 초등학생인 루터(후에 종교개혁자)는 깜짝 놀랐다. 그리고 그는 용감하게 교장선생님께 물었다.

"교장선생님, 왜 저희들에게 큰절을 하세요?" 교장 선생님은 묵묵히 학생들을 쳐다보시곤 "그래, 답을 해 줄까?" 하시면서 "너희들은 장래에 나보다 더 훌륭한 지도자가 될 것이니까." 그 후로도 교장선생님이 들어오실 때마다 큰절은 계속되었다.

제1장 그리스의 신화에서 멘토 제도
제2장 유대인 잔닥 / 천주교 대부제도
제3장 오늘날 교회 멘토링 의미

그리스 신화에서 멘토 제도

멘토(Mentor)라는 말은 고대 그리스 신화인 오디세이(B.C. 1250년 트로이 전쟁을 배경)에서 처음으로 등장한다. 이타카 왕국의 오디세우스는 트로이 전쟁에 나가면서 아들 텔레마코스(Telemachus)를 자신의 충실한 친구인 멘토에게 맡긴다. 멘토는 그에게 때로는 아버지로, 때로는 스승으로, 때로는 친구가 되어 자신의 지혜를 전달하여 줌으로써 훌륭한 왕자로 키우게 된다. 이후로 멘토라는 이름은 지혜와 신뢰로 한 사람의 인생을 이끌어 주는 지도자의 동의어로 사용되어 왔다.

이제 오늘날 사용되고 있는 멘토라는 말은 복합적인 의미가 포함되어 사용되고 있다. 멘토란 "비교적 경험이나 연륜이 많은 사람으로서 상대방의 잠재력을 내다볼 줄 알며, 상대방이 가지고 있는 꿈과 비전을 이루도록 도전과 격려, 도움을 줄 수 있는 사람"을 말한다. 그는 인생의 코치, 영적인 스승으로서 항상 상대방이 균형 있게 성숙하도록 돕고 정한 궤도를 이탈하지 않도록 돕는 자의 역할을 하게 된다. 멘토의 상대자는 다양하게 표현되는데, 프로테제(Protege), 멘티(Mentee) 혹은 멘토리(Mentoree)라고 부르고 있다. 또한 멘토의 관계를 가지고 사람을 세워가는 과정을 멘토링(Mentoring)이라고 한다. 멘토의 개념은 고대 그리스에서는 플라톤과 소크라테스와의 관계에서도 찾아볼 수 있고, 중세시대의 스승(master)과 도제(apprentice)의 관계를 통해서 멘토의 개념을 이해할 수도 있다. 그러나 스승 / 도제의 관계는 주로 노동이나 직업적인 기술에 초점이 맞추어지나 멘토의 관계는 삶에 관심을 갖고 있다.

[멘토링 용어 정리]

1) 멘토(Mentor) – 도움을 주는 사람이며 멘제의 전인적인 삶의 조언자다.

2) 멘제(Menger) – 도움을 받는 사람이며 상대인 멘토를 통하여 자신의 역량을 개발하고자 하는 사람이다(유사용어 Protégé(불란서에서 호칭), Mentoree(영국), Mentee(미국)).

   * 멘제(Menger) – 한국에서 멘토링코리아 프로그램에 의하여 형님 동생이라는 의미로 호칭한다.

3) 멘토링(Mentoring) – 멘토와 멘제가 활동(Activity)하는 상태를 말한다(Mentor + ing).

제2장

유대인 잔닥제도 / 천주교 대부제도

[유대인 잔닥제도]

(할례 시술(브릿트 밀라)을 통해 본 성경의 잔닥제도)
자료제공: 최명덕 교수 / 목사(건국대학교 문과대학 히브리학과 교수)

1. 잔닥과 할례시술

먼저 아기를 엘리야의 의자에 앉힌다. 이때에 아기는 대부가 잡는다. 대부를 빼놓고 나머지 사람들은 할례의식이 진행되는 동안 끝나기까지 계속 서서 예식에 참여한다. 대부는 '잔닥(zantak)'이라고 불리며 예식이 진행되는 동안 모헬을 도와 아기가 할례를 받을 수 있도록 잡아주는 역할을 한다. 유대인들은 대부가 되는 것을 큰 영예로 알고 있다. 아버지는 모헬에게 칼을 주어 할례를 행할 권리를 모헬에게 이양한다. 칼은 반드시 아버지가 주는데 이는 할례할 권리가 원래 아버지에게 있음을 상기하기 위함이다. 이때 아기를 엘리야의 의자에서 할례를 시술할 테이블로 옮긴다.

2. 유대인과 잔닥제도

자료제공: 이스라엘 문화원

1) 할례받을 때 의무적으로 연결하고 붙잡아 준다.
2) 부친이 하지 못하는 부분을 보완한다.
3) 신앙이 돈독하고 사회생활의 모범자를 선발한다.
4) 신앙생활에서 영적인 후견인이 된다.
5) 훌륭한 잔닥을 두면 출셋길도 열린다.
6) 재산상속의 혜택도 주어진다.

[천주교에서 대부제도]

자료제공: 천주교 중앙협의회, 천주교 생활성서

1) 대부제도의 의의

대부모는 완벽한 사람을 지칭하는 말이 아니다. 단지 대자녀보다 먼저 하나님의 부르심에 응답한 사람들로서 부르심의 기쁨을 대자녀들과 나누고 그들과 동행하여 신앙의 길을 걷는 사람들이다. 따

라서 대부의 역할이 교회 안에서 얼마나 보람 있고 중요한 직무인
지를 인식해야 한다.

대부모는

- 먼저 하나님의 부르심에 응답한 사람으로서
- 부르심에 기쁨을 대자녀와 나누고
- 그들과 동행하여 신앙의 길을 걷는 사람이다.

2) 대부모를 정하는 시기

- 예비신자 때 정한다.
- 입교한 자 때 정한다.
- 유아세례자 때 정한다.
- 영세받을 때 정한다.

3) 주요 하는 일

- 영적 후견인 역할을 한다.
- 부친이 하지 못하는 부분을 보완한다.

4) 자격기준

- 대부는 성인이어야 한다.
- 대부는 일정과정의 교육을 받아야 한다.

5) 의무사항

- 대자녀가 정한 후에는 사제가 인정해야 한다.
- 영세받을 시 반드시 대부를 세워야 한다.
- 법과 같이 강한 시행관례로 되었다.

6) 금기사항

- 부모는 세울 수 없다.
- 성직자는 세울 수 없다.
- 상호 간 금전관계는 엄금함.

7) 대부모의 자기진단

대부모가 되는 것은 또 하나의 성소다. 하나님이 주신 이 소명에 충실하게 살려면 어떻게 해야 할까? 여기 훌륭한 대부모가 되는 데에 도움이 될 만한 몇 가지의 항목들이 있다. 나는 과연 어떤 대부모일까. 한번 스스로 진단해 보라.

☐ 대자녀들을 위해서 하루에 한 번 이상 기도한다.
☐ 대자녀(후보자)들이 참석하는 교리 시간에 함께 갔던 적이 있다.
☐ 대자녀와 함께 봉사활동을 할 의향이 있다.
☐ 대자녀가 최근에 했던 고민이 무엇인지 알고 있다.
☐ 대자녀 가족의 이름을 알고 있다.
☐ 대자녀와 함께 미사에 참례하면서 궁금해하는 점을 설명해

준 적이 있다.

☐ 자신의 가족을 대자녀에게 소개하고 식사를 함께한 적이 있다.

☐ 대자녀(후보자)가 원하는 세례명과 주보성인에 대해서 알고 있다.

☐ 교회 출판사에서 펴내는 신앙 서적들을 권한다.

☐ 대자녀들이 교회 전례나 교리에 대해 가장 의문스러워하는 점이 무엇인지 안다.

☐ 종종 그들과 신앙체험을 나눈다.

☐ 그들이 교회에 오기까지의 과정에 대해 알고 있다.

☐ 대자녀와 함께 피정을 한 적이 있거나, 계획 중이다.

☐ 대자녀의 영명일을 축하해 주고 기도해 준다.

☐ 교회의 관심사에 대해 대자녀와 토론하며, 이때 주장을 내세우기보다는 그들의 의견을 경청하는 편이다.

☐ 대자녀들에게 힘겨운 일이 생겼을 때, 나는 그들이 찾아올 수 있는 편안한 사람이라고 생각한다.

☐ 내가 하고 있는 교회 활동에 만족하며 다른 이에게도 권할 의향이 있다.

☐ 대자녀들을 많이 두는 것보다는, 숫자가 적을지라도 잘 돌보는 것이 더 중요하다고 생각한다.

☐ 가끔 교회 밖으로 나가서 그들과 함께 신앙에 유익한 문화생활을 한다.

☐ 대자녀들이 관심을 보이는 신심 단체나 봉사활동에 대해 조언을 해 줄 수 있을 정도의 지식을 갖고 있다.

☐ 가톨릭 신자가 된 것에 감사하고 있으며, 대부모가 된 것도 하느님의 특별한 은총이라고 생각한다.

8) 천주교회 법전(대부모 관련 조항)

천주교 중앙 협의회 제공자료

① 교리교육에 관하여

제774조 제2항 부모들은 누구보다도 신앙 안에서 그리스도인 생활을 실천하는 가운데 말과 모범으로 자녀들을 양육할 의무가 있다. 부모를 대신하는 이들과 대부모들도 같은 의무가 있다.

② 세례거행

제851조 제2호 세례받은 아기의 부모와 대부모의 임무를 맡을 이들은 성서적 의미와 이에 결부된 의무에 관하여 올바로 교육받아야 한다. 부모와 대부모가 그리고 본당 사목 부주임은 그리스도 교리적 감성에 어울리지 아니하는 이름을 붙이지 아니하도록 보살펴야 한다.

③ 대부모조항

제872조 세례받을 아기에 될 수 있는 대로 대부모를 정해 주어야 한다. 대부모의 소임은 세례받을 어른을 그리스도교 입문 때 도와주고 세례를 받을 아기를 부모와 함께 세례에 데려가며 또한 세례받을 이가 걸맞은 그리스도교인 생활을 하고 이에 결부된 의무를 충실히 이행하도록 돕는다.

제873조 대부 한 명만 또는 대모 한 명만 또는 대부와 대모 한 명씩만 두어야 한다.

제874조 대부모의 임무를 맡도록 인가되기 위해서는 교육과 같 이하여야 한다.

제1호 세례받을 본인이나 그의 부모 또는 그들을 대신하는 이 또는 이들이 없으면 본당 사목부주임이나 집전자에 의하여 지정되고 그 임무를 수행할 정석과 의향을 가져야 한다.

제2호 16세를 채워야 한다. 다만 교구장이 나이를 달리 정해 있거나 또는 본당 사목 부주임이나 집전자가 정당한 이유로 예외로 인가하여야 한다고 여기면 그러하지 아니한다.

제3호 가톨릭 신자로서 견진과 지정한 성찬의 성사를 이미 받았고 신앙과 맡을 의무에 걸맞은 생활을 하여야 한다.

제4호 일반적으로 부여되거나 선언된 교회법적 형벌도 받지 아니하여야 한다.

제5호 세례받을 이의 아버지나 어머니가 아니어야 한다.

제3장

오늘날 교회 멘토링 제도

1. 교회 멘토링 의의

멘토(Mentor)와 멘제(Menger), 성령의 삼각관계다. 그 관계 속에서 멘제(Menger)가 이미 존재하는 하나님의 역사하심을 통해 하나님과의 친밀함, 하나님의 자녀라는 궁극적인 정체성(창 1:27), 하나님 나라의 책임감을 위한 자신의 고유한 목소리를 발견하는 것을 뜻한다.

2. 교회 멘토링의 목적

한 사람 멘토가 한 사람 멘제에게(마태 16:13~20)

- 신앙 고백을 할 수 있도록 인도하고
- 구원의 은혜에 감사함을 깨우쳐 주고

- 하늘나라에 소망을 둔 삶을 조언해 주면서
결국은 차세대 크리스천 지도자로 세우는 일이다.

3. 교회 멘토링의 특성

그리스도인에게 하나님의 친밀함, 궁극적인 정체성, 자신의 목소리를 고양시키는 수단이다. 멘제(Menger)의 삶에 이미 현존하는 하나님의 역사를 인식하는 방법이다. 그리스도인으로서 성품 형성과 인격 성장에 효과적인 모델이다.

최종 의사결정을 위한 하나님의 인도하심을 분별하는 효과적인 방법이다.

성경 인물 중에서 역사적으로 검증된, 신앙여정을 위한 요법이다.

특히 목회 사역의 한계시점 혹은 전환기에 효과적인 안전장치다.

4. 다른 양육방법의 차이점

전도나, 제자 삼기, 모델링 등 사람을 가르치고 양육하는 여러 방법들 중 멘토링도 중요한 인간 양육방법 중의 하나이다. 그러나 멘토링에는 다른 양육 방법들이 갖지 못한 독특하고 강력하며 중요한 요소들이 멘토인 교육자와 피교육자인 멘제 사이에 존재한다.

멘토링은 전도나, 제자화, 모델링 또는 도제제도나, 후견인 제도 등과는 다르다. 다른 여러 지도방법과 멘토링 사이의 근본적인 차이성들을 간단히 살펴보면, 전도를 통하여 우리는 수백 명의 대학생들을 캠퍼스에서 그리스도에게로 인도할 수 있다. 그들에게 복음을 전하여 그리스도를 영접하게 하고 세례를 베풀며 그들이 하나님의 사람으로서 새 삶을 살도록 변화시킬 수 있다.

제자화는 우리가 전도하여 그리스도를 영접한 수백 명의 사람들 중에서 수십 명을 선택하여 지도자 프로그램(Leader Program)에 참가시키고 일정 기간 그들을 훈련하고 양육한 후 다른 캠퍼스 지도자로 파송하는 운동을 할 수 있다. 그러나 멘토링은 그 지도자 프로그램에 참여한 수십 명 중에서 1명~3명을 택하여, 멘토와 더 깊은 인간관계와 인격적 교류를 통하여 일생 동안 그들의 성장과 변화를 지켜보면서 그들의 성숙을 돕는 일을 하는 것이다(Biehl, 1997).

이런 멘토링은 모델링(modeling)과도 다르다. 모델링은 중요한 멘토링의 한 부분이지만, 멘토링 그 자체가 모델링은 아니다. 멘토링과 모델링의 차이점은, 멘토가 멘제를 개인적으로 잘 알고 서로 친교를 나누면서 그의 잠재력과 가능성을 개발, 격려, 양육하기 위하여 멘토 자신의 인격적, 지적, 정서적, 모든 자원들을 활용하는 데 반하여, 모델링은 모방할 만한 인생의 미덕이나 올바른 가치관을 가진 사람 곧 멘제에게 삶의 기준을 제시하여 줄 수 있는 사람으로서, 한 번도 만난 적이 없고 개인적인 교류도 전혀 없는 사람도 멘제의 모델이 될 수 있다는 것이다. 우리가 존경하는 어떤 역사적 인물이나, 성경 속의 신앙의 선배들이 우리의 인생의 모델이 될 수 있다. 그러나 이런 인물들은 현존하거나 또 당시의 생애 속의 어느 시점에서 당신과의 현실적인 교류와 친분이 없기 때문에 당신 삶의 모델일 뿐, 당신의 멘토는 될 수 없다.

Part 2

교회 멘토링 필요성

교회론의 가장 큰 이슈는 '교회가 왜 존재하는가?'라는 물음이다. 이 질문은 '교회의 사명이 무엇인가?' 하는 질문과 동일한 것이다. 한국 교회는 이 질문을 답하는 과정에서 역사적으로 두 유형의 모델을 세워 나갔다. 하나는 전도를 통한 '교회 양적 성장'이며 다른 하나는 '교회 질적 성숙'이다. 이와 같이 양적인 성장과 질적인 성숙이라는 두 바퀴가 서로 같이 구를 때만이 교회가 건강하다고 볼 수 있다. 그러나 오늘날 목회의 현실은 어떠한가? 한국 교회 초기부터 오늘날 현재까지 헝그리 목회, 기복적인 목회, 그리고 설교와 성경공부 중심의 하이테크 목회 중심, 결과적으로 지역사회에서 도외시되고 결국 개교회 중심에서 크게 벗어나지 못하고 있는 실정이다. 이 시점에서 목회 경쟁력 차원에서 교회 멘토링의 필요성을 제시하고자 한다.

Episode ◀ 천당과 지옥

어느 여행자가 지옥과 천당을 방문하게 되었다. 지옥은 깡마른 사람들이 서로 다투고 있는 장면이었고 천당은 반대로 윤택한 사람들이 싱글벙글 웃으면서 이야기를 나누는 장면이었다. 궁금하게 여겼던 여행자는 한참 후 식사 시간에서야 그 해답을 찾았다. 양쪽의 공통 사항은 풍성한 음식과 그 위에 사람의 팔보다 더 긴 6척의 포크가 놓여 있었다. 지옥 사람들은 그 긴 포크로 자기 입으로 넣으려 하니 음식이 뒤로 쏟아졌고, 천당 사람들은 그 긴 포크로 1:1로 앞에 있는 사람의 입으로 넣고 있었다. 자기만 챙기려는 이기주의와 남을 배려하는 멘토링 이타주의가 지옥과 천국을 갈라놓았다.

제1장 오늘날 멘토링의 중요성

제2장 오늘날 멘토의 필연성

제3장 한국 교회 멘토링의 필요성

제1장

오늘날 멘토링(Mentoring)의 중요성

"적절한 멘토를 발견하고 그에게서 바른 지도를 받는 것은 우리의 일생(一生)에서 일어날 수 있는 가장 중요한 일로서, 우리 자신의 생애 동안에 성취해야 할 인생(人生) 목표에 이르도록 우리를 돕는 결정적인 역할을 할 수 있다."라고 린다 필립(Linda Phillips)은 [멘토와 프로테제](*Mentor and Proteges*)라는 그의 책에서 말하고 있다. "바른 성인기(成人期)로 통과하는 최선의 방법은 좋은 멘토를 통하여 인생의 멘토링을 받는 것이다."(Biehl, 1997)

이미 언급한 "한 사람이 성인(成人)으로서의 성장과정에 좋은 멘토를 갖지 못하는 것은 부모 없이 자라는 고아와 같은 불행이며 비극이다." 레빈슨 교수의 말들은 멘토링의 중요성과 필연성을 잘 나타내고 있다.

단순한 지식전달이나 설교, 강의를 통하여 사람의 인격이나 성품, 도덕성의 큰 변화는 일어나지 않는다. 사람들은 부모, 선배, 스승, 목사 등 인생의 선배나 지도자들의 삶 속에 투영된 그리스도의 모습을 통하여 그들의 삶이 변화된다. 인간이 아무리 많은 것을 소유하고 명성과 지위, 부(富), 권세를 갖추었어도 그에게 인격이나 도덕성이 뒷받침되지 않는 한, 그런 것들은 그들 자신의 변화는 물론, 타인과 사회를 결코 유익하게 하지 못한다. 크리스천의 성경적 인생관(人生觀)과 소명(召命)이 수반되지 않는 부(富)와 외적인 어떤 성공 요소들은 하나님 앞에서 오히려 교만과 멸망의 원인이 될 수 있다.

멘토링은 세상 교육은 물론, 기독교 교육에서도 절대적으로 필요한 교육개념이다. 인류(人類) 현재 직면하고 있는 가장 심각한 문제 중의 하나는 그 어느 때보다도 우리가 지도자와 리더십 부족의 시대, 특별히 신앙적인 영적 지도자들의 고갈시대에 살고 있는 것이라고 기독교 학자들은 말한다(Rush, 1984).

기독교 학자들의 말을 굳이 인용하지 않더라도 우리는 매일의 뉴스나 신문기사, 또 우리 주변을 살펴보는 것만으로도 지도자와 리더십의 붕괴가 얼마나 심각한지, 참지도자의 고갈이 얼마나 절박한 문제인지를 실감할 수 있다. 비기독교 지도자들의 비리와 비도덕성은 말할 것도 없고, 기독교 지도자들의 비인격적, 비신앙적 모습들은 참으로 우리를 비통하고 절망스럽게 한다.

교육 풍토 속에서는, 인격과 이타 중심 사상이 그 기초가 되는 멘토링의 교육 방법은 그동안 그 개념 정립(概念定立)조차 불가능한 상황이었다고 할 수 있다.

과거에는 가정이나 농장 등 삶이 있는 곳이면 어디서든 비교적 쉽게 멘토링이 이루어졌다고 할 수 있다. 가정에서 부모들이 '남성

다움'과 '여성다움'에 대한 감성과 인식, 공동체 구성원으로서의 의무와 책임, 인간관계에 대한 지혜 등을 생활 속에서 익히고 배우게 하였다.

장인(匠人)들의 세계에서 멘토링은 가장 중요한 학습방법이었다고 할 수 있었다. 견습생들은 숙련공 밑에서 기술은 물론, 스승의 생활양식과 그들의 인생관 등 모든 것을 함께 배울 수 있었다. 고대의 대학에서도 비슷한 방법으로 학생이 학자의 집에 함께 생활하면서 학문과 삶을 동시에 배웠으며, 고대 왕궁에서도 기사가 초보자에게, 화가가 제자들에게 작업실에서 동일한 방법으로 제자를 길러 냈다(Biehl, 1977).

18세기에 뉴잉글랜드의 조나단 목사와 그의 아내는 항상 그들의 집에 한 명 이상의 제자를 두고 그들의 삶을 통하여 가정의 중요성과 가정의 기능, 영적 능력, 목회 활동 등을 멘토링하였다(Biehl, 1977).

이렇게 멘토링은 세대 간에 이루어지는 삶의 전수 방식이며, 한 사람을 기르고 가르치는 지도자의 중요한 준비 과정과 수업이었다. 멘토링은 인간 생존에 필요한 호흡처럼 중요한 것이면서도 인간의 삶 속에서 너무 자연스럽게 이루어진 중요한 인새 양육의 방법이었기 때문에 특별한 주목의 대상이 못 되었던 것이 사실이다.

고도로 발달된 산업화 속에서 개인주의적 요소가 강한 가치관과 생활양식의 변화로 자녀와 부모, 스승과 학생, 지도자와 후배, 목회자와 교인이 가슴을 열고, 정직하고 진솔하게 서로의 삶과 중요한 지식을 나누는 인격적인 교류와 가르침이 현저히 감소되고 있는 현대사회에서는 이런 중요한 멘토링의 개념과 기능이 점점 약화되고 있다. 현대인들, 특별히 20세기 말을 살아가는 사람들은 인간에게 최대의 중요 요소는 지식과 정보이며, 이런 것들은 지식을 전달하는 강의실이나 매스미디어를 통하여 이루어질 수 있다고 믿고 있기 때문에, 삶과 인격적인 교류 가운데 이루어지는 인격적 학습 방법인 멘토링의 중요성을 잘 인식하지 못하고 있다.

인격은 어떤 삶이나 직업에도 필수적 요건이다. 인격의 수반이 안 된 비전(vision)이나 성공은 자신이나 사회에 큰 유익이 못 됨은 물론, 오히려 유해 요소로 작용할 수 있다. 비전과 인격은 항상 동반되어야 할 밀접한 상관 관계성을 가진 지도자의 필수 요건이지만, 만약 불가피하게 양자 중 택일이 되어야 한다면 선행되어야 할 것은 인격이라고 할 수 있다(Hendricks, 1995).

모든 개인이나 지도자에게 필수 요건인 이 인격은 단기간에 이루어지거나 갖출 수 있는 것이 아니다. 한 사람이 일생을 살아가는 데 기초가 되는 좋은 성품과 인격은 어려서부터 가까이에서 깊은 관심과 사랑으로 그를 돕고 격려하면서 가르쳐주는 사람의 삶의 내용과 모습을 보면서 자연스럽게 익히고 배우게 되며, 인생을 바르게 살아갈 기본적인 자세와 자질을 갖추게 된다. 멘토는 특별히 멘제의 삶 속에서 그 인생의 골격이라고 할 수 있는 긍정적 자아상(self-esteem) 형성에 결정적인 도움을 주어야 한다.

건강한 자아상(自我像) 곧, 성경적인 자아상은 어떠한 고난과 어려움 속에서도 올바른 인생관과 가치관 속에서 살아갈 수 있게 하는 삶의 원동력이 되기 때문이다. 바른 자아상을 갖지 못하게 되면, 인간은 자신을 비하하고 열등감에 빠져 자신감을 잃게 되고 심하면 자살까지 하게 된다. 반대로 지나친 자기중심의 자아감은 타인을 무시하고 자아 독존적인 교만과 자만에 빠져 다른 사람에게 상처와 부덕을 끼치게 되는 결과를 가져오게 된다.

멘토는 멘제의 정서적 안정과 성숙에 큰 영향을 미칠 뿐 아니라 성숙한 인격 형성을 돕게 된다. 멘토는 자신의 인생 경험과 지식을 통하여, 멘제가 불필요한 인생의 연습이나 실패를 하지 않도록 돕게 된다. 멘토링의 중요성은 특별히 성장기에 있는 사람들에게 건강하고 이타적인 지도자로서 인생을 살아갈 수 있도록 인도하는, 한 인간의 삶과 지도자에게 중요한 양육 방법이라 할 수 있다.

『미래의 충격』(*Future Shock*)의 저자인 앨빈 토플러(Alvin Toffler)는 그의 책에서 "급속한 변화와 발전 속에서는 삶의 중요한 기본적인 의미와 요소들이 흐려질 수 있다."고 하였는데 그런 징후들은 이미 도처에서 나타나고 있다, 21세기를 살아가야 할 우리 자녀들의 생활환경을 생각해 볼 때, 그들이 직면하게 될 고통과 어려움, 유혹들은 우리 시대의 그것들과는 비교가 안될 만큼 강도 높을 것으로 예상된다. 밥 비엘(Bobb Biehl)의 예상대로 어떤 의미에서 우리 자녀들은 '크리스천 전사들'로 준비되어야 할 것이다(Biehl, 1977).

이런 시대는 경건한 사람들을 더 많이 필요로 하고 있으며 성경적인 멘토링을 통하여 우리는 경건한 신앙의 인물과 지도자들을 양육해야 할 책임을 지고 있다.

미국의 예를 보면 전체 어린이들의 40% 이상이 친아버지가 없는 가정에서 자라며, 1950년 6%의 가정의 여자 가장이 오늘날은 24%로 증가되었으며, 도시의 흑인 할렘가에는 아버지가 거의 멸종된 상태라고 한다(Biehl, 1977).

이런 자녀들에게 아버지의 모델 됨의 빈자리를 주가 채워 줄 것인가? 멘토가 필요한 사람들은 비단 결손 가정의 자녀들만이 아니다. 양부모와 함께 사는 가정의 어린이 모두에게 멘토는 필요하다. 멘토는 가정뿐 아니라 교회, 학교, 기업, 사회, 어느 곳이든 인간의 삶이 존재하고 인간관계가 이루어지고 있는 곳이면 모두에게 필요한 삶의 인생을 배우는 과정과 방식이다.

하워드 헨드릭스 박사가 신학교 학생들을 대상으로 그들의 생애에서의 멘토 유무를 조사한 결과가 신학생들 중 거의 모두에게 멘토가 없었다는 놀라운 사실을 발견하였다. "교수님, 저에게는 저의 삶의 모델이 되며 바르게 제 인생을 배울 수 있었던 멘토가 없었습니다. 제 삶에 중요한 영향력과 뜨거운 감동을 줄 수 있는 멘토가 없습니다." 신학생들뿐만 아니라 "The Promise Keeper"(약속 이행가들)라는 운동에 참여하고 있는 대부분의 사람들에게서도 "헨드릭스 박사님, 무슨 대가(代價)를 치르고라도 멘토를 찾고 싶습니다. 어디서 그런 분들 찾을 수 있을까요?"라는 호소를 들을 때마다 헨드릭스 박사는 안타까움을 금할 수 없다고 고백하고 있다(Hendricks, 1996).

일생을 주의 복음 전파에 헌신하며 주님을 위하여 살겠다는 소명감으로 목회를 시작한 사람들까지도 시간이 흐를수록 그들이 개최하는 여러 가지 종교적 이벤트와 출석 교인 수, 헌금 액수, 매스컴을 타는 그들의 명성들을 그들의 목회 성공 유무의 척도로 하는 경향이 짙어지고 있다. 또한 그들의 신앙과 언행의 불일치로 교인들에게 상처를 입히고, 심한 경우 교인들이 교회는 물론, 신앙에서 아예 떠나는 일들까지 발생하고 있는 현실을 우리는 목도하고 있다. 이런 현상들은 목회자들이 그들의 삶과 목회에 결정적인 영향을 미칠 만한 멘토를 갖지 못한 데 기인한 성경적 인생관 확립의 결여와 바른 목회자상(牧會者像)이 정립되지 못하였기 때문이라 할 수 있다.

제2장

오늘날 멘토(Mentor)의 필연성

인간 발달을 연구하는 심리학자와 교육가들이 강조하는 중요한 진리 중 하나는 인간은, 특별히 어린이들은 성인들의 말이나 교훈, 강의 등을 통해서 자신의 가치관이나 행위의 기준을 배우는 것이 아니라, 성인들의 행동을 보고 직접 배우며 모방한다는 사실이다 (Ginsburg, 1979).

인생이 무엇인지 어떻게 성인이 되어 가야 하는지, 인생을 어떻게 살아야 하는지를 구체적으로 가르쳐 주는 책은 세상에 없다. 그러나 우리의 삶이 중요하고 자신의 세상을 위하여 그 중요한 인생을 바르게 살아야 하며, 인생은 연습하고 실습할 만큼 여분의 시간이 없다는 것은 누구나 다 알고 있다. 이런 삶 속에서 멘토를 가진 사람은 멘토를 갖지 못한 사람에 비하여 엄청난 유익을 갖는다.

먼저 멘토링은 멘제에게 전인적인 교육을 가능케 한다. 멘토링을 통하여 멘토와 멘제 사이에 지식이나 기술 전달은 물론, 밀접한 인간관계를 통한 인격과 신앙 교류, 지혜로운 삶의 방식이 전승될 수 있기 때문이다. 멘토가 직장이나 직업상의 선배라면, 멘제는 선배인 멘토의 노하우를 통하여 불필요한 실패나 시간 낭비와 에너지, 자본을 줄이고 성장과 성공의 지름길로 갈 수 있다.

멘제는 또한 멘토를 통하여 정서적인 안정감을 얻게 된다. 인간의 감성은 안정된 삶의 원동력이 되며 건전한 자존감의 기초가 되기 때문에 인생 스승인 멘토의 유무는 멘제의 삶의 내용과 질에 중요한 역할을 한다(유, 1998. 4『빛과 소금』).

인생에 필요한 많은 외적 요소를 다 갖추었다 할지라도 그 삶의 정서가 불안하고 감성에 문제점들이 있다면 그 인생은 사상누각이 될 가능성이 많다. 감성과 정서는 우리 인생의 초석이라고 할 수 있다. 인생의 기로에서 중요한 결정을 내려야 할 때에 인생의 선배인 멘토의 현명한 조언과 도움은 걱정과 불안 속에서 객관성을 잃고 잘못된 결정을 하기 쉬운 멘제에게 중요한 스승 역할을 해 줄 것이다.

크리스천 멘토는 또한 멘제에게 신앙의 스승이 되어 주는 유익이 있다. 구원받은 그리스도인일지라도 일생 동안 신앙으로 자라고 성화되어 가야 할 죄의 본성을 가진 존재들이기 때문에, 삶의 과정 속에서 신앙적으로 넘어지고 후퇴할 때가 있으며 그럴 때마다 신앙의 선배로서 위로와 격려, 기도로 도와주는 신앙의 스승이 있다는 것은 엄청난 인생의 자산이다. 이 귀중한 인적 자산들이 활용되지 못하고 있음은 안타까운 일이 아닐 수 없다. 이런 귀중한 자산의 사장(死藏)은 우리 교계와 사회는 물론, 하나님의 사역에도 막대한 손실을 입히게 되는 것이다.

멘토링은 우리 가정과 사회, 교회, 교계, 정치계 등 모든 분야에서 이루어져야 할 중요한 교육 과제이다. 먼저 가정은 어린이들에게 최초의 학교이며 그들의 인생이 시작되는 교육의 장이기 때문에 가정에서 부모가 하나님의 말씀을 따라 생활하는 모범을 보이면서 그들을 하나님의 말씀으로 양육할 의무와 책임을 지고 있다(신 6:4~9). 그러나 오늘날 우리 가정 대부분의 부모들이 인격적, 신앙적, 정서적으로 미숙한 언행으로 자녀의 모범이 되지 못하고 있음은 물론, 그 반대의 부정적인 모델상을 보이고 있는 현실이다. 이런 환경 속에서 자라는 어린이들이 또한 그런 미성숙한 부모의 모습을 보면서 자신들도 그런 부모가 되고, 그런 가정들이 이어지는 악순환이 계속되고 있다. 자녀에 대한 멘토링이 잘 이루어진 가정이 많을수록 그 사회와 국가는 건전하고 안정된 나라가 되는 것은 자명한 일이다.

사회적으로도 멘토링은 필요하다. 자신이 소속된 직장과 사회에서 신실한 멘토를 보고 멘토링 관계를 유지하면서 건전한 직장 풍토와 사회 윤리 속에서 살고 있는 멘제는 그 자신이 좋은 멘토가 되어 다른 멘제를 또 멘토링하게 된다.

한국 교회와 교계에도 멘토링은 절실하게 요구되고 있다. 인구의 25% 정도가 기독교이며 세계에서 가장 큰 대형 교회들이 몰려 있다고 자랑하는 한국 교회에 기독교인들의 생활의 열매가, 기독교인의 문화가 형성되어 있지 않다는 것은 자타가 공인하는 사실이다. 어느 논문에서 한국의 기독교인은 전체 인구의 25% 이상인데 해방 이후 정치, 경제, 사회 등 모든 분야에서 각종 대형 범죄 사건에 연루된 사람들 중 40%가 기독교인이라고 밝히고 있다(신, 1995).

또 몇 년 전 작고한 테레사 수녀가 생전의 한국방문 시 두 가지 놀라운 사실을 발견하였다는 신문 기사를 접한 적이 있다. 먼저, 한국 김포공항에 착륙하기 이전의 그 무수한 빨간 십자가로 상징되는 교회들의 수에 놀라움과 감동을 받았고, 그 다음 날 한국 곳곳을 방문하면서 기독교 문화를 거의 발견할 수 없어서 놀랐는데, '그 많은 교회들이 과연 한국에 어떤 영향을 미치고 있는가?'라는 질문에 부끄러움과 동감을 표하지 않을 수 없었던 것은 비단 필자만의 느낌이 아닐 것이다.

댈러스 신학 대학원생들 대상의 조사 보고서에서 신학생들에게도 자신의 인생에 중대한 영향을 미친 멘토가 1%도 없었다는 헨드릭스 박사의 보고는 멘토링이 신학교 안에서도 이루어지지 않고 있다는 것을 시사하고 있다(Hendricks, 1996).

각급 학교에서 단순히 지식을 가르치는 이외에, 학생들의 삶에 중대한 영향을 미칠 멘토들이 필요하다. 입시 위주의 주입식, 경쟁적 교육이 교육의 주류(主流)를 이루고 있는 한국에서, 인격과 인격이 교류되는 인성 교육이 이루어져야 하는 멘토링의 필요성이 그 어느 나라에서보다 절실히 요청되고 있다.

사회와 재계(財界) 역시 멘토링이 필요한 곳이다. 서구의 재벌들이 자신들의 자산 중 많은 부분을 사회와 국가를 위해 헌납하는 것이 일반적인 관례인 데 반하여, 대부분의 한국 재벌이나 기업들은 기본적인 세금마저도 포탈하는 것이 기본인 것처럼 보인다. 그들에게 건전한 사업가나 기업인, 재벌로서의 바른 철학이나 인생관 정립에 영향을 미친 멘토들이 있었다면 구조조정 때문에 온 나라가 고통과 진통을 겪는 그런 불행은 없었을 것이다.

정치계 역시 멘토링의 절대적인 필요성에서 결코 예외일 수 없다. 어느 의미에서 가장 강도 높은 멘토링이 이루어져야 할 곳이 바로 정치계라고 할 수 있다. 국회 의사당에서 소위 국정을 수행한다는 국회의원들의 작태는 말할 것도 없고, 살아 있는 전직 대통령들의 대통령 재임 시의 행적과 퇴임 후의 언행들은 국민들에게 분노와 절망감은 물론, "우리에게는 이런 부류의 지도자들밖에 없는가?"라는 허탈감에 삶의 의욕과 용기를 잃게 한다.

이렇게 우리의 삶의 현장 곳곳에서 멘토링은 절실히 필요하다. 타락하고 부패한 시대일수록 경건하고 신실한 인격을 갖춘 지도자들을 더욱 필요로 하는데, 지식 전달이나 정보 교환이 그 중심이 되고 있는 현대의 교육 현장에서는 인격적 교류가 그 중심이 되어 이루어지고 준비되는 참지도자 배출이 제도적으로 힘들게 되어 있다. 교회, 학교, 기업, 사회가 이 멘토링의 중요성과 필요성을 인식하고 사람을 바로 기르고 양육하는 일에 지대한 관심을 기울여야 할 중요한 시대에 우리는 살고 있다.

제3장

한국 교회 멘토링의 필요성

1. 먼저 목회자의 일방적인 목회(Oneway 목회)가 문제이다

과중한 목회로 인하여 건강은 물론이고 고유한 기도와 말씀 연구에 전념하지 못하므로 교인의 질적 성숙에 문제가 드러나고 있다.

멘토링에서는 모세가 평신도를 개발하여 중간지도자에 업무를 위임한 사례와 같이 오늘날 목회 현장에 평신도 멘토제를 도입하여 의사소통이 원활한 목회(Two way목회)를 지향해야 한다.

2. 두 번째는 교육중심의 지적 목회(Hightech목회)가 문제이다

평신도에 과분한 성경교육은 결과적으로 이기주의적인 제자는 양산될지 모르나 진정한 사역자는 얻기 힘들다. 목적보다도 수단이 앞서 가는 것은 스스로 부메랑 피해를 목회자 자신이 안게 되는 것이

다. 멘토링에서는 예수님의 소수중심으로 따뜻한 인정을 베푸는 목
회(Hightouch목회)로 전향할 때가 되었다고 본다.

3. 셋째는 앞문도 활짝 열리고(Produtivity 목회) 뒷문도 활짝 열려 있는 목회가 문제이다.

활발한 전도 활동을 통하여 새 신자들이 교회에 들어오게 하는
데는 목회자마다 제 실력을 충분히 발휘하고 있다고 본다. 그러나
문제는 기존 성도들에 대한 관리기술은 어쩐지 허술해서 뒷문으로
줄줄 새고 있는 현실이다. 멘토링에서는 멘토제도를 활용해서 교인
한 사람 한 사람에 만족 기법을 발휘(Humanity 목회)하여 뒷문을
막아야 한다.

그러므로 미래의 모든 교회는 아무리 대형 교회가 나타난다 할지
라도 성도 한 사람 한 사람을 돌볼 멘토십 제도(Mentorship System)
를 구축해야 한다. 이는 큰 교회 속에 작은 1:1교회를 만드는 것과
같다. 이 1:1팀은 다만 지리적인 공통점을 가지고 기계적으로 나눠
진 하부 조직이 아니고 멘토로 하여금 교인의 욕구를 정확히 진단
하고 충족시킬 대안을 가지고 탄생되는 살아 있는 유기체 조직이
되는 것이다.

오늘날 조직에 적용하는 멘토십(Mentorship)은 1:1(소수) 인간관
계를 통하여 먼저 조직체 구성원을 높은 인성(Hightouch)과 첨단기
술(Hightech)을 겸비한 고품질의 인재로 개발하는 제도이다. 또한
조직개발 전략으로서 멘토링은 교회의 평신도개발 · 1:1 제자훈련

학교의 인성교육·특기개발교육, 기업의 핵심인재 개발·신입사원 정착 등 각기 조직의 목표를 달성하고자 하는 조직개발 활성화 대안이다.

[빌리그래함의 교회관]

"만일 당신이 대도시 큰 교회의 목사라면, 어떤 행동계획을 세우시겠습니까?"라는 질문에 그래함 목사는 이렇게 대답하였다. "제가 할 첫 번째 일 중 하나는 여덟이나 열 또는 열두 사람 정도로 이루어진 작은 그룹을 갖는 것이라고 생각합니다. 일주일에 몇 시간씩 모여서 대가를 지불하는 겁니다! 그들은 시간과 수고를 바쳐야 하겠지요? 저는 저의 모든 것을 그들과 함께 나누겠습니다. 몇 년 동안 말입니다. 그리하여 저는 평신도들 중에 열두 사역자를 갖게 되겠죠. 그들 역시 여덟이나 열 또는 열둘 남짓을 데리고 가르칠 수 있는 사람들이 되는 겁니다. 저는 그렇게 하고 있는 한두 교회를 알고 있으며, 그것 때문에 그 교회에는 혁명이 일어나고 있습니다. 제 생각에는 그리스도께서 그 전형을 세우셨습니다. 주님은 대부분의 시간을 열두 사람과 함께 보내셨습니다. 큰 무리와 더불어 시간을 보내지 않았습니다. 사실상, 큰 무리를 만나셨을 때마다 제가 보기에는 별로 큰 성과가 없었습니다. 제가 보기에 위대한 성과는 주님의 개인적 대화와 열두 제자와 보내신 시간에서 나왔습니다."

Part 3

멘토링 칼럼(Column)

국내 멘토링계에 선도적인 역할을 담당하고 계시는 아래 분들의 강의안, 기고문, 제공자료를 선별하여 소개한다. 특히 순장제도, 제자훈련, 셀그룹 코칭제도 등과 유사한 멘토링 제도에 올바른 개념 정리가 되었으면 기대한다.

- 월간 『빛과 소금』기고문 - 유종성 편집장, 김명호 목사, 오정현 목사
- 멘토링코리아 2000년 10월 세미나 강의안 - 송길원 박사
- 자료제공 - 이성희 목사, 최병덕 교수, 이스라엘 문화원 천주교
  협의회 박건 목사

목회자 중에서 가장 많이 혼동하고 있는 제자훈련과 멘토링의 차이에 대하여 밥 비엘의 글을 소개한다. [제자훈련은 내용, 가르침, 영적 진리, 제자 삼는 자, 즉 강의자의 일정에 따르는 것이 일반적인 데 비해 멘토링은 인간관계, 한 사람을 통째로 돌보고 돕는 것, 수강자인 멘제의 일정을 따르는 것을 강조하고 있다. 또 제자훈련은 일정 기간에 걸쳐 개인적이고 학구적인 경험을 전달하는 데 집중하고, 반면 멘토링은 현장 사역자로 실제적인 삶의 경험을 나누는 것을 강조하며, 중·장기적인 것은 물론 필요하다면 평생에 걸쳐 계속되는 관계이다.]

1장 송길원(하이패밀리대표)

　주제: 패밀리 멘토링(Family Mentoring)

2장 박건(예전교회 담임목사)

　주제: 멘토링과 소그룹

3장 김명호(국제제자훈련원 목사)

　주제: 제자훈련과 멘토링

송길원(하이패밀리대표)

주제: 패밀리 멘토링(Family Mentoring)

엘마 봄백(Erma Bombeck)의 말처럼 "결혼이란 어른으로 자랄 수 있는 마지막 기회이다."라는 말을 잊지 말아야 한다. 그 마지막 기회에 도움을 줄 수 있어야 하는 것이다.

1. 위기에 처한 가정

"내가 당신과 결혼하게 되다니." 사람들은 이 말을 평생 두 번 사용한다고 한다. 신혼 첫날 기쁨의 목소리로 내뱉는 것이 그 첫 번째이고 두 번째는 삼 년 후 한숨 섞인 목소리로 내뱉는 것이라 한다. 과연 그런 것일까?

"결혼의 유일한 장점은 이보다 더 큰 괴로움이란 없음을 알려 주는 것"이라는 말은 우리를 더욱 불행하게 만든다. 어떻게 하면 결혼이 축복이 되며 가정이 미리 맛보는 천국이 될 수 있을까?

부모들은 늘 자신들의 경험으로 현재 자녀들의 문제를 풀려 하고 자식은 현재의 경험으로 부모의 경험을 검증해 간다는 말이 있다. 그래서 어른들의 결혼에 대한 유일한 가르침은 '시간이 지나면 알게 돼' 이 한마디일 뿐이다. 그리고 그 자녀들은 '실망과 절망 낙망'이라는 결혼의 삼부곡을 되뇌며 어른들의 불행을 되풀이해 갈 따름이다.

미국 인구 조사국에 의하면 1995년 240만 쌍이 결혼과 120만 쌍의 이혼이 있었다. 평균 결혼생활 기간은 7년도 채 되지 못했고 이 가운데 10쌍 중 거의 2쌍은 세 번째 결혼기념일 전에 헤어졌다고 한다.

한국의 경우에는 이혼부부의 절반 이상이 10년 이내에 결별하는 것으로 나타났고 결혼생활 5년 이내에 이혼하는 부부가 전체 이혼부부의 31.3%나 차지했다. 그 결과 이혼부부의 74.6%가 미성년 자녀를 두어 연간 6만 3천 명이 넘는 미성년자들이 부모들의 이혼으로 상처를 받는 것으로 나타났다. 여기다가 20년 이상 결혼생활을 한 50대 이상의 이혼율의 경우 86년에는 전체 이혼부부의 4.5%에 불과했으나 95년에는 두 배 가까이 늘어난 9.1%에 달하게 되었다.

이제 그 비극은 멈추어야 한다. 결혼은 배워져야 하며 가정은 소망과 기쁨과 천국이어야 한다. 지금이야말로 가정을 다시 세워야 할 때인 것이다.

2. 가정 위기의 극복대안으로서 멘토링

의학의 본업은 '치료'에 있다. 환자가 생기면 재빨리 고쳐준다.

고통으로부터 그를 해방시켜 주는 것이다. 하지만 오래전에 의학은 그 목적이 바뀌었다. '치료'보다는 '예방'이어야 한다는 것이다. 실제 치료에 사용되는 비용부담이나 노력보다 예방에 사용되는 비용이 훨씬 적게 드는 것은 불문가지다. 그러나 의학은 '예방'으로도 모자라 이미 '건강 증진'(health promotion)으로 바뀌었다.

가정도 마찬가지다. 갈등이 생기고 문제가 꼬였을 때 상담을 하겠다고 하는 것은 이미 늦은 때이다. 시간적으로나 경제적으로 손실이 클 수밖에 없다. 가정도 카운셀링(counseling)에 앞서 멘토링(mentoring)으로 행복을 증진시켜 줄 필요가 있는 것이다.

'멘토'(Mentor)란 교사, 인생의 안내자, 본을 보이는 사람, 후원자, 장려자, 비밀까지도 털어놓을 수 있는 사람, 스승 등 여러 의미를 함축하는 말로 멘토가 되어 다른 사람들의 결혼의 행복을 증진시켜 주는 사역을 일러 메리지 멘토링(marriage mentoring)이라 부른다.

마치 알프산을 등정하는 전문 산악가에게 셀파가 필요하듯 결혼이라는 험산 준령을 넘어 행복이라는 정상에 서야 할 결혼 등반객들에게도 셀파가 있어야 하는 것이다. 그러면 결혼의 여정도 한결 쉬워진다.

과거 대가족주의에서는 멘토링이 따로 필요가 없었다. 가까운 삼촌이나 이모가 그 역할을 대신해 주었다. 필요할 때면 언제든지 상담자가 되고 조언자가 되어 주었는가 하면 아버지, 어머니가 돌아가셨을 때라도 그 자리를 메워 주었다. 그들은 치유의 손길이었고 앞날을 안내하는 길잡이였다. 그러나 핵가족하에서 삼촌과 이모는 사라지고 없다.

청소년들은 청소년들대로 자아정체감의 위기에 사로잡혀 불안해

한다. 신혼 때의 부부들은 그 나름대로 신혼갈등에 휩싸여 힘들어한다. 중년도 마찬가지다. 역할혼돈에 빠져 허우적거린다. 묻고 또 묻지만 대답해 주는 이가 없다. "참다운 행복은 어디에 있는 것인가? 언제 나는 그 행복을 붙잡을 것인가?"

멘토는 지치고 곤한 길손에게 주막을 알려주며 쉬어 가라고 권한다. 지름길을 알려주는가 하면 언제 길을 떠나는 것이 안전한지 안내해 준다. 그리고 떠나는 이에게 축복을 던진다. 잘 가시라고. 길손은 그 한마디에 힘을 얻어 천 리 길도 힘차게 내딛는다.

3. 성경 속에서의 멘토링

모르드개 → 에스더	에스더 → 모르드개
① 2:10 / 고하지 말라	① 2:10 / 고하지 아니하니
② 2:11 / 날마다, 왕래하며, 알고자	② 4:5 / 알아보라
③ 2:22 / 고하니,	③ 2:22 / 고한지라
④ 2:20 / 명한 대로, 명을	④ 2:20 / 좇음이더라
⑤ 4:7-9 / 알게 하고, 구하라 하니, 고하매	⑤ 4:10, 15 / 고하기를, 회답하되
⑥ 4:13-14 / 이때를 위함이 아닌지	⑥ 4:16 / 나를 위하여 금식하되
⑦ 4:17 / 명한 대로 다 행하니라	⑦ 4:16 / ……말고 ……마시지도 마소서

1) 에스더 속의 멘토링

에스더서는 두 인물 모르드개와 에스더를 그려내고 있다. 모르드개는 유대인 베냐민 자손으로 느부갓네살에 의해 포로가 되어 바벨론으로 잡혀와 있었다. 그에게 사촌누이 에스더가 있었다. 얼굴이 곱고 아름다운 미인이었다. 여기 최초의 미인 선발대회가 열렸던 이야기가 기록되어 있다.

문제는 그가 고아로서 가질 수 있는 모든 역기능을 어떻게 이겨 낼 수 있었느냐 하는 점이다. '아버지 결핍', '고아 심리'를 어떻게 이겨내었느냐 하는 점이다. 사실 루이스는 가장 적중률이 높은 범죄 예보자는 가난도 아니요, 인종도 아니요, 아버지 없는 가정환경이라고 했다. 여기 그 해답이 있다. "딸같이 양육하였더라."

그 결과가 민족 구출로 이어진다. 동시에 하나님의 보호하심의 차원을 소개한다.

2) 모세와 여호수아(신 31장, 34:9, 수 1장)

하나님에 의해 모세의 후계자가 된 여호수아는 늘 모세의 곁을 떠나지 않고 수종을 들며 성실하게 배움에 임했다. 자신의 평생의 꿈인 가나안 입성이 여호수아에게로 넘어갔을 때도 시기하거나 질투하지 않고 오히려 여호수아를 담대하게 훈련하고 격려하는 모습은 멘토들이 갖추어야 할 자세로 보인다.

3) 나오미와 룻(룻 1 - 4장)

시어머니 나오미는 자신의 행복보다 며느리 룻의 행복을 먼저 생각하여 도와주었고, 룻은 언제나 시어머니의 말에 순종하여 사랑받는 모범적인 고부의 관계를 유지했다.

4) 엘리와 사무엘(삼상 1 - 3장)

아버지로서 실패한 엘리는 자신의 아들들이 제사장의 직무를 다

할 수 없음을 개인적으로 이미 알고 있었고 따라서 사무엘을 자신의 사역 장소에 받아들여 제사장의 직무를 사무엘에게 지도한다. 엘리의 의지와는 상관없이 이루어진 일이었으나 엘리의 도움으로 훗날 사무엘은 제사장의 직분을 훌륭하게 감당한다.

5) 다윗과 요나단(삼상 20장, 삼하 1장, 삼하 9:1-13)

자신보다 어린 다윗을 친구로 여겼던 요나단은 마음을 나누었을 뿐만 아니라 자신의 생명처럼 아끼고 사랑했다. 아버지 사울로부터의 다윗을 죽이려는 위협이 있을 때도 목숨을 걸고 다윗을 구했다. 이러한 사랑을 받은 다윗은 훗날 요나단의 아들 므비보셋을 돌봄으로써 요나단과의 우정을 변함없이 하는 아름다운 모습을 보여준다.

6) 바울과 오네시모(몬 1장)

빌레몬의 집에서 도망쳐 나온 오네시모, 주인의 집에서 도망쳐 나온 죄인에 불과했다. 그러나 바울을 만난 후 그리스도 안에서 믿음의 아들이 되었고 바울은 멘토로서 오네시모의 가장 힘든 문제인 빌레몬과의 화해를 하는 데 중재를 한다. 오네시모에 대한 정확한 이해와 빌레몬에 대한 격려와 사려 깊은 접근방법은 멘토링 사역의 한 모델을 제시해 준다.

7) 바울과 바나바(행)

대표적인 멘토링의 본보기라 할 수 있다.

멘토링의 모델로서 바나바와 바울을 플로이트 맥클렁은 이렇게 관찰했다. 종합적으로 정리해 보자.

① 한 사람 안에 있는 잠재력을 볼 줄 아는 능력이다.

② 함께 시간을 보내고, 개발되고 성장하도록 도울 만한 잠재적인 멘토링 대상자를 선별했다.

③ 한 사람의 실수와 성품적 약점에 대해 인내했다.

④ 프로그램과 개인적인 목표치에 연연하지 않고 멘토링 받는 사람에게 내재된 은사와 능력을 개발하는 데 있어 융통성을 발휘했다.

⑤ 격려와 안정적인 분위기를 조성하며 그 사람을 신뢰했다.

⑥ 하나님께서 그 사람 안에서 행하시는 일들을 분별할 수 있는 능력을 지니고, 그에 협조하는 경건한 관점을 갖고 있었다.

⑦ 하나님께서 행하시는 모든 일이 관계로부터 시작된다는 것을 아는 사귐을 가졌다.

⑧ 다른 사람들을 위해 기꺼이 희생했다.

8) 마리아와 엘리사벳

마리아의 수태고지는 큰 충격이었다. 그런데도 그녀는 엘리사벳을 찾아간다. 그리고 3개월을 머물면서 도움을 청한다.

4. 멘토의 신학과 멘토가 하는 과업

이렇듯 성경은 만남에서 만남으로 이어지는 책이다. 그래서 성경에는 명제신학만이 아니라 관계신학이 있다. 관계신학이란 하나님의 위대한 역사, 즉 십자가와 구원, 칭의와 중생, 종말과 재림 등 기독교의 기본진리에 그 초점을 맞추는 명제신학과는 달리 인격을 변화시키고 인간관계를 향상시키는 하나님의 능력에 강조점을 둔다고 할 수 있다. 명제신학이 그리스도의 사역에 그 관심을 둔다면 관계신학은 그리스도인들이 일상생활과 대인관계에서 겪을 수밖에 없는 구체적인 문제들에 무게를 싣는다.

따라서 멘토링은 관계신학의 바탕 위에 세워지는 이웃사랑의 열매라 할 수 있으며 멘토란 바로 이와 같은 이웃 사랑으로 멘제를 섬기는 사람을 말한다.

- 멘토는 멘제에게 정보를 적시에 제공한다.
- 멘토는 전해 주고자 하는 다양한 내용을 보여주어야 한다.
- 멘토는 멘제가 더 높은 단계로 올라갈 수 있도록 도전시키고 동기를 부여한다.
- 멘토는 필요한 때 유익한 자료를 가지고 멘제를 지도한다.
- 멘토는 선행을 격려하고 고귀한 일을 고취시킨다.
- 멘토는 일반적으로 겪는 멘제의 불안을 덜어준다.
- 멘토는 멘제가 목표를 세울 수 있도록 도와준다.
- 멘토는 세운 목표를 완수할 수 있도록 돌봐준다.
- 멘토는 멘제의 실천을 주기적으로 검토, 평가한다.

5. 멘토링 – 문명을 세우는 일

결혼이라는 여정을 막 시작한 자식들에게 "얘야, 아비, 어미는 말이다. 결혼 30년 동안 이런 결론 하나를 얻었어. 너희들 이것만 명심하면 결혼은 절대로 불행해지지 않아." 그렇게 교훈을 베풀어 자신들이 닦아놓은 터 위에다 그 자녀들이 행복이란 성(城)을 쌓아간다면 얼마나 멋질까? 가까운 일본에서는 우동집 하나를 경영하는데도 국물을 빚어내는 비법을 자식들에게 대대로 물려주는데 가정의 행복은 우동집을 경영하는 것보다 하찮은 것일까?

멘토링이란 부모가 못다 한 그 한마디를 들려주는 것이다. 얼굴을 마주 대하고 나눌 수 없는 성(性)에 관한 이야기도 자유롭다. 자신만의 고민과 마음의 깊은 상처들도 토해 내기가 쉽다. 부모에게는 차마 나눌 수 없던 이야기도 편하게 나눌 수 있다. 언제든 달려가 울 수 있고 부담 없이 도움을 청할 수 있다.

어디 신혼뿐일까? 어린아이에게는 부모의 보살핌이 있어야 하고 성인이 되면 자기 스스로의 보살핌이 필요하듯 청소년에게는 스승의 보살핌이 있어야 한다. 그러므로 청소년 자녀를 둔 부모들의 자식 성공의 비결은 내 자녀를 내 자녀로 보지 말라는 것이다. 즉 아이가 문제를 가지고 왔을 때 길 잃은 양이 나를 찾아와 도움을 청한다고 생각하고 상담을 할 수 있어야 한다. 그러나 어디 그게 쉬운가? 고함부터 나오고 짜증부터 나오는 게 당연지사다. 남의 자녀는 그래도 객관화가 가능하다. 그래서 청소년 멘토링은 더더욱 필요하다. 더구나 어떻게 내 자녀가 나에게만 절대적 영향을 받고 자라야 하는가? 그것은 마치 편식을 강요하는 일과 같다. 자녀들에게 또 하나의 삼촌, 이모 같은 부모(멘토)가 있다면 그 또한 얼마나 큰 축복일 것인가?

신혼과 청소년만이 아니다. 중년은 중년대로 홀로된 이들은 홀로

된 이들대로 선각자들로부터 행복을 조언받는 결혼의 멘토링이 필요한 것이다.

멘토링의 영역은 대단히 많다. 자신의 관심사를 따라 다음과 같이 봉사할 수 있다.

1) 그린 멘토(Green Mentor)

신혼의 1년을 어떻게 보내느냐가 결혼의 성패를 좌우한다. 그러므로 신혼의 1년은 첫 단추를 끼우는 일과 같다. 결혼의 기초 공사에는 많은 도움이 뒤따라야 한다. 우리나라의 경우 연간 40만 쌍이 결혼한다. 이들 신혼부부를 1년 동안 돕는 멘토를 그린 멘토라 한다.

2) 골드 멘토(Gold Mentor)

우리 주변에는 뜻밖에도 결혼한 독신자, 결혼한 독신녀들이 많다. 건물이 높아 가면 그림자도 깊이 드리우는 것처럼 그들에게 결혼의 리엔지니어링(re - engineering)이 필요하다. 첫 마음(初心)으로 돌아가 중년의 신혼, 장년의 신혼을 만들어 주는 과정을 골드 멘토라 한다.

3) 레인보우 멘토(Rainbow Mentor)

어린아이에게는 부모의 보살핌이 있어야 하고 성인이 되면 자기 스스로의 보살핌이 필요하듯 청소년에게는 스승의 보살핌이 있어야 한다. 청소년들에게 삼촌, 이모가 되어 이들의 고민을 덜어주고 미래를 함께 설계하는 이들을 레인보우 멘토라 부른다.

4) 호프 멘토(Hope Mentor)

현재 우리나라는 홀로된 이들의 인구가 점차 늘고 있다. "과부 사정은 과부가 잘 알 듯" 아픔을 경험한 이들이 또 다른 아픔을 감싸줄 때 치유의 효과는 커진다. 익명성이 강조되는 우리 사회에서 일대일의 멘토링은 가장 바람직한 치유모델이 된다. 싱글(single)들을 도와 희망을 심는 이들을 호프멘토라 부른다.

6. 이렇게 시작할 수 있습니다

1) 나 자신에게서 출발해야 한다

다른 이가 아니다. 바로 나 자신이다. 내가 먼저 행복해지면 다른 이들에게로 행복은 금방 전염된다. 노동시인 박노해는 이렇게 노래한다. "희망찬 사람은 그 자신이 희망이다. 길 찾는 사람은 그 자신이 새 길이다. 참 좋은 사람은 그 자신이 이미 좋은 세상이다."

2) 한 사람으로 시작해야 한다

주님은 한 사람을 대하듯 모든 사람을 대하신다. 그러므로 대중이 아니다. 바로 한 사람이다. 테레사 수녀의 고백처럼 "난 결코 대중을 구원하려고 하지 않는다./ 난 다만 한 개인을 바라볼 뿐이다./ 난 한 번에 단지 한 사람만을 사랑할 수 있다./ 한 번에 단지

한 사람만을 껴안을 수 있다./ 단지 한 사람, 한 사람, 한 사람씩만……/ 따라서 당신도 시작하고/ 나도 시작하는 것이다./ 난 한 사람만을 붙잡는다./ 만일 내가 그 사람을 붙잡지 못했다면/ 난 4만 2천 명을 붙잡지 못했을 것이다./ 모든 노력은 단지 바다에 붓는 한 방울 물과 같다./ 하지만 만일 내가 그 한 방울의 물을 붓지 않았다면/ 바다는 그 한 방울만큼 줄어들 것이다./ 당신에게도 마찬가지다./ 당신의 가족에게도/ 당신이 다니는 교회에서도 마찬가지다./ 단지 시작하는 것이다./ 한 번에 한 사람씩. ─마더 테레사

바로 그 한 사람에게 모든 것을 투자할 수 있는 사람이어야 한다.

3) 같이 배우는 데에서 출발한다

내가 완벽하고 완전해서가 아니다. 스티븐 코비 박사는 가족문제에 대한 자신의 기본 철학은 "나도 완전하지 않고 너도 완전하지 않다. 그러므로 함께 배우고 실천하자는 것"으로 설명했다. 바로 같이 행동하고 실천할 마음을 갖추어야 하는 것이다.

바로 이런 철학을 가진 이들이 일정한 훈련을 받고 가정의 파수꾼으로 봉사하게 되는 것이다. 멘토의 교육은 정기적으로 실시되며 수료자는 패밀리 멘토 클럽에 가입되어 가정사역자로서 활동하게 된다.

이제 결론을 맺어야 할 차례이다. 한 문명에 대한 최종 평가는 그 문명이 어떤 남편과 아내, 아버지와 어머니를 만들어 냈는가에 달려 있다는 말이 있다. 이제 그 문명을 세우는 일에 우리 모두의 헌신이 필요한 때이다. 더구나 이 한마디를 우리는 잊지 말아야 할 것이다.

"Real happiness is serving others."

신학자 F. B 메이어는 다음과 같이 말했다. "세상의 기준으로 볼 때 부자는 많이 받고 소유한 사람입니다. 그러나 하늘에서 평가해 볼 때 부자는 타인에게 많이 베풀어 준 사람입니다"

제2장

박건(예전교회 목사)

주제: 멘토링과 소그룹

대개 우리는 멘토링하면 일대일로 국한해서 이해하려 한다. 그러나 멘토링이 꼭 일대일로 이루어지는 것만은 아니다. 소그룹을 통해서도 얼마든지 멘토링은 일어난다. 멘토링을 일대일로만 제한한다면 다양한 멘토링 관계개발의 기회를 많이 잃게 될 것이다.

1. 예수님의 소그룹 멘토링

그 대표적인 예로 예수님의 멘토링을 들 수 있다. 예수님과 제자들은 분명 소그룹 관계 속에서의 만남이 주를 이룬다. 그러나 제자들 입장에서 보면 그들 개개인에게 예수 그리스도는 멘토가 되신다. 복음서의 기록들은 멘토이신 예수님의 사역을 보고 그분을 통해 받은 영향을 서술해 놓은 것이다. 예수님은 주로 그의 삶을 통해 보여주시면서 멘제들인 제자들에게 개인적으로 영향을 끼치셨다.

예수님은 섬기는 멘토이셨다. 세상의 모습과는 달리 예수님은 제자들에게 자신을 섬기라고 가르치시지 않고 오히려 제자들을 섬기셨다. 인자의 온 것은 섬기려 함이며(막 10:43 – 45), 친히 제자들의 발을 씻기시며 "내가 너희에게 행한 것같이 너희도 행하게 하려 하여 본을 보였노라."(요13:15)고 하셨다.

예수님은 이끄시는 멘토이셨다. 예수님은 제자들을 섬기기도 하셨지만 자신이 제자들을 이끄는 리더임을 잊지 않으셨다. "너희가 나를 선생이라 또는 주라 하니 너희 말이 옳도다. 내가 그러하다."(요 13:13)고 하셨다. 예수님은 제자들이 어떤 상태인지를 아셨고 또 어디로 가야 할지를 잘 아셨다. 그래서 제자들은 실수도 많았지만 예수님이 가르치고 이끄시는 대로 순종하며 따랐던 것이다.

2. 정착을 위한 소그룹 멘토링

교회에 들어온 새 신자를 정착시키기 위해 여러 가지 프로그램을 사용할 수 있다. 그 가운데 정착을 위한 소그룹 멘토링이 있다. 예를 들면 친교그룹을 통한 멘토링이다. 대개 새 신자는 교회에 익숙지 않고 교제권도 제한되어 있다. 아는 사람도 거의 없고 낯설기만 한 환경이다. 이때가 그 새 신자의 교회정착을 결정하는 중요한 시기이다. 물론 이미 다른 교회에서 교회생활을 하다가 온 신자 같으면 나름대로 교회생활의 경험이 있기에 쉽게 적응할 수도 있다. 또 성격에 따라 적극적인 사람은 스스로 모임을 찾아다니며 재빨리 교제권을 형성하기도 한다. 그러나 대개는 그렇지 못하다. 한국 교회의 새 신자 정착률이 15퍼센트를 넘지 못하는 것을 보아도 이를 잘 알 수 있다.

그래서 교회에서는 교회생활을 처음 시작하는 사람이나 기존 신자이지만 교회생활에 잘 적응하지 못하는 사람들을 위해 소그룹 멘토링을 준비해 두어야 한다. 또한 일대일 멘토링에 대해 부담을 갖거나 원치 않는 경우에도 이 소그룹 멘토링은 효과가 있다.

대개 정착을 위한 소그룹 멘토링은 성장그룹이나 사역그룹과는 구별된다. 그리고 원인에 있어서도 훨씬 더 많은 사람이 그 대상이 된다. 한국의 일반 교회에서 성장그룹(구역모임 혹은 제자훈련 등)에 소속된 사람들이 전체 출석인원의 30~40% 내외인 것을 보면 알 것이다. 그러니까 출석교인의 60~70% 정도가 성장그룹에 속하지 않고 일주일에 주일 낮 예배 정도만 참석하며 신앙생활을 하는 사람들이다. 그렇다고 이들을 그냥 그 상태로 두면 성장은커녕 정착도 보장할 수 없다. 따라서 이들에게는 성장할 수 있는 계기를 만들어 주어야 하고 교회생활의 즐거움과 보람을 제공해 주어야 한다. 이들의 삶을 살펴보면 대개 하나 이상의 취미를 가지고 있다. 교회가 이들에게 취미나 스포츠를 할 수 있는 공간을 준다면 많은 사람들이 이 그룹을 통해 정착도 되고 성장의 계기도 마련할 수 있다. 그리고 이들은 여러 가지 삶의 문제도 있고 그에 대한 여러 도움을 필요로 하고 있다. 어쩌면 성장그룹에 들어가 있는 사람들보다 이런 필요가 더 절실한 대상일 수 있다.

교회정착을 위한 멘토링소그룹은 그 특성에 따라 크게 세 가지로 나뉜다. 첫째는 취미그룹이고, 둘째는 스포츠 그룹, 셋째는 지원그룹이다. 취미그룹은 말 그대로 취미활동에 관계된 모든 그룹이

여기에 속한다. 필자의 교회 취미그룹은 사진반, 바둑반, 등산반, 기타반, 꽃꽂이반, 독서반, 서예반, 영어회화반, 요리반, 종이접기반, 중창단 등이 있다. 스포츠그룹은 대개 코치를 두어 지도해 주는데 볼링반, 탁구반, 수영반, 에어로빅반, 축구반, 테니스반, 족구반 등이 있다. 지원그룹으로는 상처받은 사람들을 위한 치유그룹, 홀부모그룹, 입시생 부모모임 등을 들 수 있다.

그 외에 교제 소그룹은 안수집사회, 권사회, 남녀 교구회, 연령별 남녀전도회 등이 있는데 친교와 섬김을 위한 각 교제그룹은 일대일 멘토링 관계에 부담을 갖는 사람들이 정착하기 좋은 소그룹 멘토링을 위한 환경이다. 기도짝을 통해 서로 세워줄 수 있고 다양한 행사와 그에 따른 준비 등을 통해 자연스럽게 친교 멘토링 환경을 만들어 갈 수 있다. 각 자치회를 통해 임원들은 봉사와 친교를 이끄는 멘토의 역할을 할 수 있고 연령별 소그룹을 만들어 리더를 세워 특별활동 등을 이끄는 멘토를 세우기도 한다.

3. 양육을 위한 소그룹 멘토링

교회에서의 소그룹 멘토링 두 번째는 양육 소그룹 멘토링이다. 양육 소그룹 멘토링은 온누리교회 등에서 16과로 되어 있는 「일대일 제자양육 성경공부」라는 교재를 사용하는데 주로 일대일로 진행한다. 그러나 일대일이 아니더라도 미국의 남가주 사랑의 교회(오정현 목사 시무)처럼 1 대 3이나 4 정도의 미니 소그룹으로 진행해도 효과가 좋다. 남가주 사랑의 교회는 새 일꾼이라 하여 이 교재를 사용하는데 지난 10여 년 동안 많은 사람들을 효과적으로 양육하여 일꾼으로 배출했다. 이 교회에서는 이 새일꾼반을 마친 사람에 한하여 교역자가 인도하는 10~15명 정도가 참여하는 제자훈련반을 신청할 수 있다. 즉 새일꾼반을 통해 양육되지 않은 사람은 훈련과정에 가지 못하게 하는 제도이다.

이미 소개한 대로 필자의 교회에서는 12주 과정의 멘토링 성경공부 교재를 사용한다. 교재가 어떤 것이든 기초양육을 위한 내용이어야 하고 기간은 3~6개월 정도가 적당하다. 그리고 인도자는 평신도가 하도록 하고 한 반의 인원은 대개 2~4명 정도가 좋다. 이들은 리더(양육멘토)와 더불어 깊이 있는 삶의 대화가 이루어지고 성경공부가 40%, 교제 및 나눔이 60% 정도를 차지하도록 진행한다. 물론 이 반을 인도하는 양육 멘토들은 별도의 훈련이 필요하다. 가능하면 교회의 제자훈련과정을 마쳤거나 하고 있는 사람이 맡도록 한다.

또한 일반교회에서 지칭하는 구역(필자의 교회에서는 사랑방 혹은 셀) 모임도 훌륭한 양육멘토링의 현장이 된다. 사실 구역모임에서 양육 멘토링을 전담하는 것이 원리에 맞다. 따라서 구역모임이 단순히 예배를 드리고 마는 정도라면 별도의 소그룹 양육멘토링 과정이 필요하지만 구역에서 귀납적 성경공부로 그리고 교제와 양육 중심으로 진행하는 교회라면 이 구역모임을 양육멘토링의 현장으로 최대한 활용해야 한다.

구역에 있어 구역장(혹은 순장)은 양육멘토로서의 역할을 감당해야 한다. 작은 목자로서 그리고 영적 인도자로서 구역장 역할은 양육멘토링의 핵심이 되어야 한다. 이런 양육멘토링 개념의 구역모임은 성경공부 중심으로 진행해서는 안 된다. 깊이 있는 성경공부는 다음 단계인 훈련멘토링에서 실시해야 하고 이 단계에서는 양육과 교제, 관계개발 등이 주요 목적이 되어야 한다.

구역모임은 개인마다 영적 성장의 격차가 있기에 공부 중심으로 하면 효과가 떨어진다. 구역은 가족개념(Family system)임을 잊지 말라. 망치로 나사를 돌려 빼려는 시도는 힘만 들 뿐이다.

4. 훈련을 위한 소그룹 멘토링

양육 다음에 거쳐야 될 단계는 훈련 소그룹 멘토링이다. 양육과 훈련의 차이는 양육은 가족시스템에서 이루어지는 것이고, 훈련은 학교(class system)에서 이루어지는 개념이라는 것이다(교회에서 양육과 훈련의 개념과 차이는 「월간목회」 '99년 1월호 참고). 따라서 교회에서의 훈련은 가능하면 영적 성장도에 있어 차이가 없는 동일수준의 사람들을 모아 진행하는 것이 원칙이다.

훈련을 위한 소그룹은 대개 제자훈련이라는 이름으로 많이 한다. 이 제자훈련을 평신도가 인도할 수도 있고 교역자가 할 수도 있으나 필자는 양육은 평신도가, 훈련은 교역자가 할 것을 권한다. 훈련은 대개 무장 과정이고 이 과정을 마치면 교회의 구역장이나 양육과정 인도자로 파송된다. 따라서 여러 분야의 체계적인 지도가 필요하기에 교역자가 맡아 진행하는 것이 더 효과적이라고 본다.

이 제자훈련 기간은 9~12개월 정도가 적당하며 제자훈련생은 이 기간 동안 담당교역자를 훈련멘토로 배우고 따르게 된다. 이 제

자훈련반은 예수님의 제자훈련 과정을 모델로 삼으면 많은 영역에
적용할 수 있을 것이다. 다만 교실에 모여 서로 토론하는 정도로만
그쳐서는 부족하다. 예수님이 삶의 여러 현장에서 직접 체험하게
하시며 가르치셨듯이 제자훈련반은 현장 중심의 커리큘럼과 말씀
의 구체적인 적용 등이 강조되어야 한다. 제자훈련반은 훈련적인
요소가 60% 이상 차지해야 한다.

제자훈련에서 한 가지 중요한 요소는 제자훈련을 마친 다음의
관리이다. 대개 제자훈련을 하는 동안은 어느 정도 긴장도 하고 훈
련생들과 더불어 가다 보면 덜 힘들게 따라간다. 하지만 일단 훈련
기간을 마치면 그 다음부터는 혼자 해 나가야 하는 경우가 많다.
그러다 보면 나태해지고 제자훈련 전의 모습으로 다시 돌아가는
경우가 많다. 이를 방지하기 위해서 제자훈련 다음의 과정이 있어
스스로 이끌어 나갈 수 있는 수준으로 만들든지 아니면 사역그룹
의 리더나 성장(양육 혹은 훈련)그룹 혹은 일대일 멘토링의 멘토가
되도록 한다.

그 외에도 단기간의 각종 세미나, 특정 주제나 성경 각 권의 소
그룹 성경공부 과정, 특정 그룹 대상의 자율 소그룹 성경공부 등도
훈련 소그룹 멘토링의 좋은 도구로 활용될 수 있다.

5. 사역을 위한 소그룹 멘토링

위의 두 성장(양육, 훈련) 소그룹멘토링과는 달리 사역멘토링의 영
역이 있다. 우리나라 교회는 아직 사역멘토링의 개념이 약한데 성

장멘토링의 궁극적인 지향점이 바로 자신의 은사를 잘 발견하고 사역을 잘하게 하는 데에 있다고 할 때 이 사역멘토링은 매우 중요한 영역이라 할 수 있다.

교회에서 한 개인이 사역단계로 들어가는 시점은 성장과정을 다 마치고 가는 것은 아니다. 물론 성장과정을 다 마치고 들어가면 더 좋겠으나 오히려 성장과정을 마치기 전부터 사역을 하는 것이 더 바람직하다. 그러면 자신의 영적 성장도에 맞는 사역을 미리 시작하면 그 성도는 자신의 사역을 보다 빨리 발견할 수 있고 영적으로도 더 성장하게 된다. 그리고 보다 더 많은 성도가 사역에 동참할 수 있다. 성장과정의 목적이 사역을 하기 위한 것이기에 사역그룹에 미리 들어가서 사역하면서 사역멘토를 통해 사역을 배우게 된다. 그리고 보다 준비된 상태로 자신이 사역멘토로도 섬길 수 있다.

사역그룹을 이끌어 가는 중요한 원리 가운데 하나는 자원자들을 중심으로 해야 한다는 것이다. 교회는 의무적으로 일해야 하는 관료적 기관이 아니라 자원자들의 모임이기에 자원적 조직을 갖추어야 생명력이 있다는 것이다. 따라서 자원자들이 중심이 되어 시작하기 전에는 그 사역을 시작하지 않는 것이 좋다. 물론 관리 및 행정적인 사역들은 교역자나 중직자들에 의해 임명이 되어야 하나 일반 평신도들이 담당하는 사역은 자원제로 하는 것이 바람직하다.

6. 전도를 위한 소그룹 멘토링

교회의 첫 번째 사명이면서 마지막 사명은 전도다. 전도는 소그룹을 통해 훈련받는 것이 가장 효과적이다. 교회에서 할 수 있는 여러 가지 내용의 전도훈련법이 있으나 여기서는 생략한다. 다만 각 개인에 맞는 전도스타일이 있으므로 그 스타일과 은사에 맞는 전도법이 사용되어야 한다고 생각한다. 이 스타일에 맞는 각 그룹이 별도로 모여 전도멘토링을 실시하면 된다. 그리고 실제로 전도실습을 나갈 때는 팀별로 혹은 2인 1개 조로 나가 실시하고 나중에 평가하면 된다.

전도 소그룹 멘토링의 4단계 훈련과정은 강의, 실습, 시범, 전도실시 등인데 누구든지 참여할 수 있도록 유도한다. 반면 이 그룹에 참석하기를 꺼려 하는 사람들에 대해서는 간접적인 전도에 동참시킨다. 예를 들면 교회에서 운영하는 문화센터라든지 경로대학, 지역사회에 선행을 베푸는 구제활동, 지역봉사 등에 참여시킨다. 그래서 전도멘토들을 가능한 많이 훈련시키고 활동케 한다.

제3장

김명호 목사(국제제자훈련원)

주제: 제자훈련과 멘토링

제자 삼는 사역을 통해 선교사들에게 지속적으로 영향을 끼쳐 오신 어떤 목사님께서 "이제는 제자훈련이라는 용어를 사용하는 데 있어서 새로운 시도가 필요하다."는 말씀을 하셨다. 그 이유는 지금까지 많은 사람들이 제자훈련을 한다고 하면서 성경에서 가르치는 본질과 동떨어지고 뒤틀린 형태의 제자훈련을 해왔기 때문입니다. 제자훈련에 대해 자신들의 부정적인 경험에 기초하여 제자훈련을 이해하기 때문에 그들에게 제자훈련의 본질을 설명하고 이해시키는 데 어려움이 따른다는 것이다.

1. 제자훈련에 대한 오해

"제자훈련의 시대는 지나갔고 이제는 성령운동의 시대다."라는 말을 듣는다. 제자훈련을 한낱 성경공부로 오해하기 때문이 아닌가 싶다. "제자훈련은 수준 있는 교회에서나 가능한 것이지 우리같이 열악한 환경에 세워진 교회에서는 언감생심 꿈도 못 꾼다."고 하는 자조 섞인 한탄도 듣는다. 심지어 어떤 목회자들은 제자훈련이 '반 교역자 운동'이라고 하거나 평신도가 똑똑해지면 목회가 힘들어지고 교회가 시험받는다고 불평을 늘어놓기도 한다. 제자훈련에 대한 이러한 비난이나 오해는 지금까지 제자훈련이라는 용어를 사용하면서 목회해 온 우리 모두가 책임져야 한다고 생각한다. 제자 삼는 사역을 하면서 모범적인 목회의 본을 확실하게 보여주지 못했고 그 열매가 분명하지 못했기 때문일 것이다.

솔직히 우리의 주변을 돌아보면 제자훈련을 한다고 하면서 벽돌을 찍어내듯 규격화된 모습의 속 좁은 그리스도인들을 만들어 온 경우가 많았다. 초신자부터 기초반, 확신반, 양육반, 초급제자반, 고급제자반…… 등의 과정을 만들어 놓고 이 과정대로만 밟아 가면 제자훈련이 된다고 여기기도 한다. 마치 동전을 넣으면 인스턴트커피를 빼먹을 수 있는 자판기같이 제자훈련이라는 프로그램에 성도들을 넣으면 제자처럼 살아가는 성도들로 변해서 나올 것이라는 환상을 가지고 말이다. 이렇게 뒤틀려진 제자훈련의 그림은 바로잡아야 한다. 우리의 연약함 때문에 우리의 사역 속에 이러한 실수가 종종 나타난다고 하더라도 성경에서 말하고 있는 목회의 본질과 원리로서의 제자훈련을 다시 확인하고 되돌아가는 시도는 계속되어야 할 것이다.

2. 제자훈련의 두 가지 스펙트럼

제자훈련을 말할 때에는 편의상 개인적인 관점과 공동체적 관점에서 보는 제자훈련으로 구분할 수 있다. 개인적인 관점에서 볼 때, 제자훈련이란 그리스도인 개개인이 주님의 인격과 삶을 닮아가도록 돕는 모든 교육적 과정을 말한다. 제자란 어떤 특정한 부류의 사람을 가리키는 것이 아니다. 예수 그리스도를 주님으로 모신 그리스도인이 마땅히 가야 할 신앙의 길이다. 제자도는 주님이 성도를 부르실 때 요구하시는 성도의 모습이라고 할 수 있다. 이러한 제자화의 과정에서 하나님은 다양한 환경과 사람, 공동체들 교관으로 사용하신다. 이때 쓰임받는 지도자에게는 각 사람에 대한 열정과 관심을 가지고(골 1:29 -), 각 사람의 영적인 수준과 단계에 따른 그들의 필요를 채워줌으로써 그가 그리스도의 장성한 분량에 이르기까지 도와야 한다. 지도자의 필요가 아니라 훈련받는 그들의 필요를 찾아 다음 단계로 성숙할 수 있도록 도와야 한다. 이러한 관점에서 지도자는 훈련받는 사람의 다양성을 인식해야 한다. 각각의 신앙 성숙의 단계에 따라 지도자의 역할은 달라져야 할 것이다. 또한 하나님께서 훈련생의 영적 성장의 단계와 상황에 따라 다양한 지도자들의 독특한 부분을 사용하신다는 겸손한 마음도 있어야 할 것이다. 이렇게 각 사람을 주님이 원하시는 모습으로 변화시켜 나가는 제자화의 과정은 특별히 교회라고 하는 공동체 속에서 반복적, 지속적으로 이루어질 때 가장 효과적이다. 그러므로 목회자는 각각의 그리스도인이 다양한 환경 속에서 사람들과의 관계를 형성하며 갖게 되는 경험을 통해 성숙한 제자의 삶을 살도록 조직적이며 다중적인 목회시스템을 마련해 주어야 한다.

3. 교회 공동체 속의 제자훈련

지역교회라는 환경 속에서 제자훈련은 평신도 지도자를 양성하여 그들로 사역할 수 있도록 훈련하는 것을 의미한다. 예수님께서 수많은 무리를 향해 말씀을 가르치셨지만 12명이라는 소수의 제자 그룹에게 쏟은 열정과 시간은 남달랐다. 그들을 통해 땅끝까지 복음화하는 지상명령을 감당케 하셨다. 목회자는 성도들 각 사람을 향한 관심과 열정을 가지고 섬기는 것과 더불어 소수의 평신도 지도자를 개발하고 그들로 하여금 사역을 감당하도록 도와야 한다. 목회자는 개인적으로 제자를 삼을 뿐만 아니라 훈련된 그들이 다른 사람들을 지도자로 세울 수 있도록 만들어야 한다. 목회자가 부름 받은 이유가 여기에 있다(엡 4:11~12).

건강한 교회의 특징 중에 하나는 은사와 역할을 가지고 섬기고자 하는 사람들을 일으켜 세워주는 평신도 사역에 중요한 가치를 두는 것이다. 이러한 교회들은 공통적으로 각자가 가지고 있는 은사와 재능을 확인하는 과정과 이들을 훈련하며 돕는 과정, 그리고 이들을 배치하는 과정에 조직적인 접근을 하고 있다. 평신도 사역을 활성화하기 위해서는 먼저 목회자의 역할로 변화되어야 한다. 이런 관점에서 지역교회 안에서 제자 삼는 사역은 목회자와 더불어 목회를 책임지고 분담할 수 있는 평신도 지도자를 세워가는 관계를 맺는 것이라고 정의할 수 있다.

영적으로 성숙한 그리스도인을 만들어 내는 길은 단순히 영적 성숙에 관한 과정이나 강의에 많이 등록시키는 것으로 이루어지지 않는다. 제자나 성숙에 관한 책이나, 성경구절, 숙제를 나누어주는 것만으로 영적 성장이 이루어지지 않는다. 물론 이러한 활동이 결코 잘못된 것은 아니다. 그리스도를 알기 위해서는 주님과의 관계가 필요하듯이 그리스도 안에서 성장한다는 것 역시 누군가와의 관계를 맺는 것이 필요하다. 제자훈련의 개념이 짜인 틀 속에서 주물을 붓듯이 만들어 가는 잘못 인식된 패러다임으로 잘못 굳어져 가는 현시점에서 다시금 제자훈련의 원리를 되찾도록 만들어 주는 개념이 있다면 그것은 아마도 '멘토링'이 아닐까 싶다.

4. 제자훈련과 멘토링

멘토링과 제자훈련은 각기 다른 강조점을 가지고 있는 것이 사실이다. 그러나 멘토링의 개념은 지금까지 제자 삼는 사역을 해 온 기독교 사역자들이 자칫 놓치기 쉬운 사람에 대한 관심과 헌신에 대해서 우리의 초점을 맞추도록 도와주고 있다. 이 두 개념의 가장 중요한 공통점이 있다면 다른 사람의 삶에 투자하는 것이다. 하나님께서 엘리야에게 요청하신 것이 바로 이것이다. 엘리야가 역사의 무대에서 떠난 후에도 이스라엘에는 여전히 한 선지자가 필요했을 것이다. 우리가 무대를 떠날 때에도 그 자리를 메워야 할 경건한 사역자가 필요할 것이다. 그러므로 지도자의 비전을 함께 나누고 그 자리를 대신해 줄 충성된 사람을 찾아 후원하고 돕고 격려하며 지원하는 것이야말로 목회자를 비롯한 모든 기독교 사역자들이 감당해야 할 가장 중요한 사역이라고 할 것이다.

제자훈련과 멘토링의 관계를 비교해 볼 때, 일반적으로 제자훈련의 관계는 한시적으로 이루어진다면 멘토링은 일생을 통해 이루어지는 관계라고 할 수 있다. 목회자의 일생 동안 제자훈련 사역을 통해 많은 사람들이 훈련을 받을 수 있을 것이다. 그러나 멘토링은 일반적으로 한 명에서 열 명 정도의 국한된 사람들에게 할 수 있다. 제자훈련을 위해서는 잘 훈련되고 성숙하며 가르치는 은사가 있어야 하지만 멘토링은 사랑 많고, 경험 많은 아저씨 정도의 관계일 수도 있다. 오늘날 점점 힘을 잃고 맛을 상실해 가는 교회와 깨어져 가는 가정과 사회를 돌아볼 때, 멘토링의 개념은 너무도 절실하다.

5. 선택이 승부를 좌우한다

멘토링의 승패는 좋은 멘토와 멘제가 만나는 것이다. 좋은 코치는 좋은 선수를 발굴해 내는 능력을 가졌다. 사실 어떤 사람들을 선택했느냐 하는 것은 그들을 어떻게 관리하느냐 하는 것보다 중요하다. 목수들은 건축을 위해 목재를 자를 때에 한 가지 원칙이 있다고 한다. "두 번 재고, 한 번 자른다." 사람을 선택하는 제자훈련 지도자나 멘토가 명심해야 할 교훈이라고 믿는다.

건강한 공동체는 좋은 지도자 팀을 가지고 있다. 그들과 공동체의 목표와 비전을 나누게 된다. 교회의 지도자를 양성하는 제자훈

련에서 어떤 성도들이 훈련받고 세워지느냐 하는 것은 교회의 질
을 결정하는 중요한 기초이다. 어떤 사람들을 훈련생으로 선발했느
냐에 따라 교회의 미래가 달려 있다. 그러므로 급하게 제자훈련을
시작하는 것보다는 기도하면서 신중하게 사람을 선택하는 지혜가
필요할 것이다.

6. 멘토링의 적용

　제자훈련이 그룹 속에서 사람을 세워간다면 멘토링은 개인적인
관계가 더욱 강조된다. 어떤 사람을 그리스도의 장성한 분량에 이
르기까지 돕기 위해서는 때때로 개인적인 관계가 필요하기도 하다.
개인적인 멘토링이 적용될 수 있는 분야는 많다. 먼저 교회에 처음
들어온 새 신자들이 교회 안에 잘 정착할 수 있도록 돕는 사역에
적용될 수 있다. 성도 한 사람이 새로 믿게 된 한 사람을 잘 이끌
어주고 좋은 관계를 맺게 된다면 새 신자는 보다 신속하고 안전하
게 공동체 안에 뿌리를 내리게 된다. 이를 위해 멘토로서의 역할을
잘 감당할 수 있도록 기존 성도들에게 동기를 부여하고 무장시키
는 준비과정이 필요하다. 또한 조직적으로 이 사역을 뒷받침해 주
는 시스템을 개발해 주어야 한다.
　지도자를 키우는 면에서도 멘토십이 필요하다. 질 높은 소그룹
인도자를 개발하기 위해서는 오랜 경험을 가지고 있는 고참 사역
자들이 사역의 모델이 되어 주고 어려운 문제들을 함께 풀어가는
멘토가 되도록 해야 한다. 자신의 경험과 삶에서 우러나오는 지혜

를 나누고 부딪치는 문제들에 대해 조언을 나누게 되면 소그룹 지도자들이 보다 든든하게 서게 될 것이다.

그 어떤 분야보다도 멘토링이 절실한 분야는 동역자의 관계라고 생각된다. 동역자의 관계는 경쟁의 관계가 아니라 격려와 후원의 관계가 되어야 한다. 담임목사는 그저 일을 맡기고 책임을 다하고 있는지 점검하는 관리자의 입장이 아니라 후배에게 꿈을 심어주고 사역의 방향을 제시하는 나침반과 같은 역할을 해야 한다. 멘토의 관계로 담임목사와 부교역자의 관계가 묶일 때, 팀 사역의 놀라운 힘을 경험하게 될 것이다.

7. 효과적인 멘토링의 방편들

멘토링이라고 해서 어떤 특별한 비법이 있는 것이 아니다. 주변에 있는 사람들과의 관계에서 우리가 평소에 하는 일들을 보다 더 전략적으로 의도적으로 하자는 것이다. 먼저 할 수 있는 방법 중의 하나는 내가 읽거나 듣고 은혜받은 자료가 있다면 함께 나누는 것이다. 책이나 테이프, 비디오…… 어떤 것이든 좋다. 나에게 감동을 준 내용이라면 내가 기도하며 세워가기를 원하는 그에게도 감동을 줄 것이다. 그저 선물로 하기보다는 읽거나 들은 뒤에 만나서 함께 받은 은혜와 깨달은 내용, 삶에 끼친 영향 등에 대해서 나눌 수 있는 기회를 가져야 한다.

내가 알고 있는 좋은 사람들과 관계를 맺도록 돕는 것도 좋은 멘토링의 한 방법이다. 예전에는 방송이나 컴퓨터에서 '네트워크'

란 말을 사용했다. 컴퓨터가 우리 삶의 깊숙이 자리를 잡으면서 이 용어는 인간관계를 설명하는 데 많이 사용되고 있다. 좋은 사람들과 관계를 맺는 것은 우리 인생이나 사역에 소중한 자원이다. 한 사람을 세워가기 위해서는 하나님께서 준비해 놓으신 다양한 인생의 교관들이 필요하다. 이러한 사람들과 다리를 놓고 네트워크를 형성함으로 하나님의 사람들을 세워 가자.

경험을 나누는 일도 사람을 키우는 데 귀하게 쓰인다. 이미 오랜 세월 동안 경험을 통해 얻은 지혜를 다른 사람과 함께 나누는 것은 보물을 나누어주는 것과 같다. 또한 그가 누리고 있는 여러 가지 기회들, 예를 들면 설교, 강의 등과 같은 기회를 후배들에게 나누어줌으로써 후배들이 커가는 모습을 지켜볼 수 있다.

8. 가장 위대한 유산

오늘 급변하는 이 시대 속에서 변함없는 영원한 진리, 하나님의 말씀을 붙잡고 고민하며 살아가고 있는 젊은이들에게 누군가가 찾아가 그들의 인생에서 아름다운 꽃이 피는 것을 보고 싶어 하며 그들이 승리하는 것을 보고 싶어 한다면 우리의 목회현장 속에 어떤 일이 일어나겠는가? 하나님의 백성인 우리에게 소망이 있다면 다음 세대일 것이다. 사울왕의 시대와 같이 어둡고 암울한 이 시대 속에서도 믿음을 가지고 다윗의 시대를 만들어 가는 도구가 제자훈련이며 멘토링이다. 사역자로서 우리의 장래에 영향을 끼칠 수 있는 가장 위대한 수단은 다른 사람의 삶에 영향을 끼치는 것이다. 그 어떤 사역보다도 위대한 사역은 사람을 세우는 것이다. 이 과정을 위해 우리가 부르심을 입었다.

멘토링은 제자훈련과 서로 상치되는 개념이 아니다. 오히려 제자도의 본질을 찾도록 돕고 있다. 물론 목회자가 성도의 한 사람, 한 사람과 멘토링의 관계를 맺을 수 없다. 그러나 멘토가 멘제를 대하는 자세는 제자 삼는 사역을 하는 목회자 모두에게 필요하다. 사람 그 자체보다는 건물, 숫자, 조직과 프로그램에 관심을 빼앗기는 오늘날의 풍토 속에서 사역하는 우리에게 멘토링의 개념은 우리의 초점을 사람에게 맞추도록 재조정해 주고 있다.

사람을 세워갈 때에 다음과 같은 패러다임을 가져 보자. 먼저 훈련생의 약점을 보완하기 위해 애쓰기보다 먼저 그의 강점을 살려주는 사역을 하자. 약한 부분에 초점을 맞추고 살기에는 우리의 인생이 너무 짧다. 강점이 드러나면 약점은 저절로 보완된다. 두 번째로 어떤 것을 결정할 때에는 현재의 모습을 보지 말고 미래를 보며 결정하자. 지금은 부족하더라도 잠재력과 가능성을 보자. 마지막으로 무엇보다도 사람에 대한 애착을 가지자. 우리가 섬기고 있는 그 사람을 관심과 기대를 가지고 바라볼 때에 그 사람을 얻을 수 있다. 세울 수 있다. 잊지 말자. 우리의 사역대상은 사람이다. 사람에게 승부를 걸자!

제4장

오정현(사랑의 교회 목사)

주제: 멘토링의 교회적용 이렇게 한다

필자는 나이에 비해서 비교적 일찍 사역의 전선에 뛰어들었다. 그리고 수많은 사람들을 만났다. 지금 이 시간 확신하는 것은 사람이 어떤 지위에 있든, 얼마나 많은 것을 소유하고 있든, 사회적으로 얼마나 큰 영향을 끼치든 상관없이 인생은 영적으로 성공하지 않으면 아무것도 아닌 것(nothing)을 절감하고 있다. 영적으로 성공하는 인생, 진정 보람 있는 인생의 핵심은 무엇인가? 이를 위해선 세 가지가 필요하다고 보는데, 첫째는 분명한 소명과 꿈을 발견하는 것이요, 둘째는 자신의 은사와 잠재력이 극대화되는 것이며, 셋째는 축복의 씨앗을 이웃을 위해 뿌리는 것이라고 믿는다.

또는 성공은 절대로 혼자서 할 수 없는 것이요, 남들과 함께하는 것이다. 특히 진정한 성공의 척도가 무엇이냐고 묻는다면, "나를 통해서 변화된 사람이 얼마나 있느냐?"로 결정되어야 한다고 믿는다. '함께하는 성공', '변화된 사람의 숫자'가 인생 성공의 잣대가 될진대 여기서 제일 중요한 것은 바로 축복된 인간관계, 특별히 좋은 멘토(Mentor)가 있느냐, 없느냐가 거의 결정을 짓고 만다. 금세기 말의 가장 주요한 이슈가 '서로를 이어주는 관계성'(피터 드러커)이라고 지적하고 있듯이 오늘날 주님을 섬기며 영적으로 성공하기를 원하는 우리들의 삶에 멘토는 너무나 소중하다.

1. 우리들의 삶에는 멘토가 필요하다

우리들의 선배는 일제시대 대동아전쟁, 8·15해방, 6·25, 5·16 군사혁명 등 초근목피, 보릿고개를 경험하느라 자신 혼자의 삶을 꾸려 가는 데도 너무나 힘이 들었기에 멘토링에 관심을 가질 수가 없었다. 심지어 사람을 키우다가 오히려 자신이 가진 것마저 박탈당하지 않겠느냐는 잘못된 통념들 때문에 축복된 인간관계를 형성하거나 사람을 잘 키우는 일에 최선을 다하지 않았다. 그러나 이제 40대 초반인 필자의 세대는 처음으로 한국교회의 멘토십의 첫 수혜세대가 아닌가 생각되고 그동안 사역의 스승, 인생의 인도자, 아버지같이 좋은 목회자, 좋은 신앙 선배들을 만나는 축복을 누리게 된 것은 너무나 큰 특권이 아닌가 싶다.

우선 멘토링에 대한 정의를 내린 후에 목회적 적용을 생각해 보자. 그렇다면 멘토링은 무엇인가? 바로 사람을 키우는 작업이다. 멘토는 쉽게 이야기하자면 '인생의 코치', '영적인 스승'을 의미한다. 코치는 항상 사람이 균형 있게 성숙하도록 돕는 것이다. 인생의 경주에서 탈락하지 않도록, 정한 궤도를 이탈하지 않도록 돕는 자의

역할을 멘토링이라 한다. 멘토는 자기 자신의 이익을 위해서 존재
하지 않고 사람을 키우는 존재가 되어야 하며, 따르는 자, 도움을
받는 자의 유익을 위해서 존재하는 것이라고 말할 수 있다.

2. 다음 세대를 위한 멘토링

지역교회가 꼭 해야 할 일은 차세대를 준비하는 일이다. 우리의
후손들이 믿음의 터 위에 든든히 서도록 잘 교육하여 다음 세대에
은사대로 꽃을 활짝 피게 해야 할 책임이 기성세대에게 있다. 기성
세대가 다른 것은 몰라도 이것만은 꼭 뒷받침해야 할 사명이 있다.
동식물을 보더라도 후세대가 오면 전 세대가 완전히 희생하고 없
어지는 것과 같은 이치이다. 그러면 다음 대가 이어진다. 이것은
자연법칙이자, 하나님의 영적인 법칙이기도 하다.

사울왕시대와 같이 썩고 냄새나고 무력하기 짝이 없는 고목 같
은 상황에서도 잘 키우기만 하면 다윗의 시대가 온다는 것을 깨달
아야 한다. 다윗시대를 예비하는 오늘 이 시대의 도구(tool)가 바로
멘토링이다. 하나님은 처음과 나중이다. 영원토록 자존하시는 분이
다. 그러므로 어느 한 세대에서만 영광을 받으셨다고 만족하시는
분이 아니라, 세대를 이어가면서 두고두고 영광을 받으시는 분이시
기에 다음 세대에 부모의 은혜를 상승시키기 위해서라도 가장 필
요한 것이 멘토링이 아닌가 한다.

그러면 차세대를 성공시키는 멘토링을 통하여 우리가 얻는 유익
들이 무엇인가?

첫째, 정서적인 격려가 된다. 아무리 험한 위기나 낙심되는 어려움을 만날지라도 결코 외롭거나 힘들지 않다. 정서적으로 든든한 뒷받침이 되기 때문이다. 그리고 모두들 자신이 만난 어려움을 비난하고 외면하지만 멘토는 결코 내버려두지 않고 오히려 적극적으로 문제에 참여해서 해결책을 준다. 그래서 멘토를 통한 정서적인 안정감을 가지므로 잘못된 결정을 내리는 실수를 사전에 막을 수 있게 된다.

둘째, 지적인 격려를 받을 수 있다. 우리 주위에서 우리를 지적으로 자극하는 날카로운 멘토가 있다면 그는 항상 지혜가 부족해서 겪는 어려움은 당하지 않아도 될 것이다. 그는 우리의 뇌세포가 죽지 않도록 그리고 둔화되지 않도록 계속해서 도전을 주고 자기 발전에 게으르지 않도록 도와준다.

셋째, 영적인 격려이다. 멘토는 상대방 자신이 처한 상황을 객관적으로 잘 파악하고 그 상황에 맞는 적절한 말씀으로 격려함으로써 영적으로 슬럼프에 빠지지 않도록 도와주고, 보다 성공적인 삶을 살도록 영성을 키워준다. 세상의 뿌리칠 수 없는 유혹도 이 멘토의 영적 영향으로 능히 이기고 하나님 앞에서 거룩한 삶을 살 수 있도록 해 준다. 그래서 능력 있는 그리스도인의 삶을 살아갈 수 있게 만들어 준다.

3. 나의 멘토 옥한흠 목사

앞에서 언급했듯이 필자는 멘토십의 첫 수혜 세대로 여러 멘토로부터 좋은 멘토링을 받았다. 지금도 이 멘토십은 계속되어서 사역의 중요한 결정이나 영적인 문제들은 어김없이 멘토 되신 분들과 상의하고 깊은 조언을 받는다. 개인적으로 부족함이 있음에도 불구하고 멘토 되신 선배 목사님들은 아낌없는 지원을 계속해 주셨다. 그중에서도 서울 사랑의 교회 옥한흠 목사님은 필자에게 있어서는 잊을 수 없는 멘토이다. 처음 남가주에 개척을 할 당시, 그분이 주신 많은 사역에 필요한 조언과 충고는 지금도 사역을 감당하는 데 없어서는 안 될 중요한 노하우가 되었다. 철없던 대학 시절부터 지난 23년을 한결같이 멘토로서 필자의 유익을 위해서 든든한 뒷자리에 서 주셨다. 개척목사의 자세, 사람에게 욕심내지 않는 것, 목회의 근본, 제자훈련의 철학, 왕성한 실험정신, 설교자로서의 전문성, 여백(pathos) 있는 인생관, 공인으로서의 영적인 프로의식 등 수도 없이 많은 내용들을 전수받았다. 지금도 계속해서 사역의 핵심 내용들을 나누시면서 평생을 배우고 싶고 따르고 싶은 큰 별이 되어 주시고 있다. 아마 옥 목사님도 전에 성도교회를 섬기셨던 고(故) 김성환 목사님이나 김회보 목사님 같은 분의 좋은 영향이 있는 줄로 알고 있다. 일 년 축복을 받은 필자는 앞으로 다음 세대의 사역자를 멘토로서 키워내야 할 채무이식 같은 것을 절박하게 느끼고 있다.

이처럼 인생의 중요한 결정을 내리기 전에 먼저 조언을 구하고 교회사역의 중요한 결정을 하기 전에 함께 고민하는 멘토는 오늘날 사역을 감당하고자 하는 젊은 교역자들이라면 예외 없이 반드시 있어야 한다. 더 이상 세상은 독불장군을 허용하지 않는다. 패튼 장군이나 나폴레옹 같은 영웅적인(?) 지도자들은 역사의 뒤로

퇴장을 하고 세계의 초강대국의 대통령이라 하더라도 마음을 열고 서로 신뢰하는 인관관계를 통해서 대화를 하고, 방향을 잡지 않으면 그 지도력이 위협을 받는 시기가 되었다. 얼마 전 빌 클린턴이 시카고 윌로 크릭교회의 빌 하이빌 목사를 초청해서 대화를 나누고 자문을 구했다는 이야기는 그가 멘토의 중요성을 알고 있음을 단적으로 보여주는 실례이다.

농구천재 마이클 조던도 코치가 있고, 세계적인 테너 파바로티도 음악 코치가 있어서 항상 조언을 받고 교정을 받는다. 그들이 프로되게 하는 데는 바로 이런 멘토들이 뒤에서 그들의 사역을 뒷받침하고 있기 때문이다. 그러면 우리는 어떤 멘토링을 사역에 적용시켜야 할 것인가?

4. 평신도를 위한 멘토링이 사역

일단 교회의 지도자로 선택이 되거나 예배 지도자로 선발이 된 평신도는 교회가 관심을 가지고 멘토링을 실시한다. 특별히 그가 가진 장점과 단점을 잘 분석하고 평가해서 그에게 맡는 멘토를 연결해 줌은 물론 교역자 스스로가 몇 명의 예비 지도자들을 멘토링하기도 한다.

우리 교회는 크게 두 가지 영역에서 멘토링을 실시하는데, 그 첫째가 리더를 위한 멘토링(Mentoring for Leaders/ML)이다. 이들은 주로 교회에서 가르치는 분야의 리더를 키우는 멘토십이다. 사람을 가르치려면 많은 훈련이 필요하고 현장이 뒷받침되어야 하며 경험을 통한 평가와 점검이 수반되어야 한다. 그러기 위해서는 이들을 리더로 키울 만한 텃밭이 있는데 바로 우리 교회의 순장반과 새일꾼반이 그것이다. 순장반은 일단 교회가 요구하는 기초적인 훈련과정인 제자훈련과 사역훈련을 마친 사람에 한해서 교역자의 추천으로 선발되는데 이들은 오리엔테이션을 거쳐서 순장반에 편입이 된다. 이분들은 앞으로 교회에서 차세대 멘토들을 키워내는 역할을 감당해야 할 분들이기에 그들에 대해 매주 훈련의 시간을 갖는다. 그리고 담임 목사인 필자와 부교역자들, 그리고 평신도 지도자들이 입체적으로 멘토링을 감당한다. 또한 새일꾼반의 일대일 양육을 통해서 평신도들까지 양육하게 하여 잘 자라도록 돕고 있다.

둘째는 특별한 위로자들을 위한 멘토링(Mentoring for Supporter / MS)이다. 주로 가르치는 부분에 은사가 없거나 아직 부족한 분들은 여기에 속해 특별한 멘토링을 한다. 이분들은 봉사 순장으로 임명을 하거나, 새 신자들을 돌보는 바나바사역을 감당하거나, 이혼한 가정(single parent)모임인 참빛모임에 참여해서 사역을 감당한다. 주로 영적, 육적, 경제적, 가정, 교육문제에 많은 관심을 가지고 지혜롭게 충고도 하고 실제 도움을 주거나 연결하기도 하면서 이들이 처한 현장에서 신앙을 잘 지키면서 영적으로 성공하도록 돕는 일을 한다. 때로는 일대일로 하기도 하고 아예 몇 명을 선정해서 한시적으로나 장기적으로 돌보고 위로한다.

특별히 참빛모임은 멘토 역할로 인해 성공한 케이스이다. 몇 명의 사역자들이 집중적으로 이들과 정기적인 접촉을 가지면서 이들의 현장에 직접 뛰어들어서 이들이 가진 문제를 해결해 주기도 하고, 상담도 하고 조언도 해서 이들이 가진 아픔을 치유해서 건강한 크리스천으로 살도록 노력한다. 이혼하거나 남편을 사별한 많은 자매들이 도움을 받고 이젠 교회의 중추적인 사역을 감당하는 위치에 이른 경우도 많다. 이처럼 두 영역의 멘토링 사역으로 인해 우리가 갖고 있는 은사가 적절히 발휘되도록 은사와 멘토링을 잘 접목해서 사역에 적용하고 있다.

5. 교역자 팀을 위한 창조적 멘토링

우리 교회는 교역자들을 중심으로 한 사역 멘토링인 '창목회'라는 것이 있다. 이것은 창조적으로 목회를 감당하는 팀이란 뜻에서 붙인 이름이다. 매주 교역자회의 시작 전에 담임 목사와 함께 30~40분간 실시하는 창조적 모임은 서로 마음을 열고서 자신의 생각과 전략을 아무런 제한 없이 쏟아놓는 시간이다. 이때 사역을 위한 참신한 창조적 아이디어들이 쏟아져 나온다. 우리가 현재하고 있는 사역 중의 대부분은 이 시간에 얻은 것들이다.

여기서 우리가 하는 멘토 훈련의 분야는 대략 11가지 정도인데 주로 교역자의 전문성, 격려, 나눔, 커뮤니케이션, 협동, 안내, 비평, 관계, 친밀, 추진력, 헌신 등이다. 이런 분야를 적절히 돌아가면서 멘토링을 한다. 어떤 때는 개인적으로 갖고 있는 문제에 대해서 서로 기도하고 도움을 주기도 하며 어떤 부분은 팀별로 안고 있는 문제점들을 접근해 가기도 한다. 매주 토의되고 격려받은 내용들은 어김없이 기록으로 남겨서 다음 멘토링에 기초자료로 사용되도록 한다.

특별히 담임목사와 격식 없는 대화는 우리 교회가 가지고 있는 장점이다. 누구에게나 불가침 영역은 존재하지 않으며 오히려 상대의 문제점 등을 스스로 내놓아 치유 받고 해결책을 제시하는 등 서로의 자기 개발의 시간인 것이다. 목회자는 그 위치 때문에 자신을 체크해 볼 만한 조언 그룹을 갖지 못한다. 장로나 목사가 일단 안수 받고 나면 누가 그의 영적인 문제를 점검하겠는가? 특히 자신의 사역이나 인격, 신앙 등등에 대해서 조언을 해 줄 수 있는 멘토를 가진 사람은 그리 흔하지 않다. 그런 점에서 창목회는 부교역자들에게 좋은 멘토링의 현장이 되고 있다.

제5장

이성희(연동교회 목사)

주제: 제자훈련과 교회침체

모든 교회는 그 자체의 목적을 성취하기 위하여 세 가지를 지향한다고 한다. 상향과 내향과 외향이 이것들이다. 상향은 교회의 첫째 목표이며, 교회의 존재 이유라 할 수 있다. 상향은 예배와 전달을 통하여 이루어진다. 내향은 보이는 교회의 모습이며 힘의 집결을 의미한다. 이것은 훈계이며 교육을 통하여 성취되는 것이다.

외향은 실제적 교회이며 동시에 교회의 사명이기도 하다. 이것은 전도이며 돌봄을 통하여 이루어진다. 지금까지의 한국 교회는 상향에 충실하다 보니 교회가 흔히 대예배당이라고 하는 예배실을 중심으로 움직여 왔다. 예배실에는 많은 돈을 들여 예쁘고 아름답게 장식하고, 여름에는 시원하게 겨울에는 따뜻하게 꾸며 놓았지만 교육시설이나 기타의 시설에는 소홀했던 것이 사실이다.

상향 이상으로 조금 더 관심이 있는 교회와 교인들은 내향에 관심을 가지고 교육을 통하여 교인다운 생활을 하려고 애를 쓴다. 그러나 대부분의 교회는 이러한 상향과 내향에 비하여 외향에는 상대적으로 관심이 적었다. 그러므로 교회는 사회와의 별개의 기관이 되었고 교회가 상향을 강조하는 동안 자연 사회와 멀어졌다. 그 결과로 교회는 성장하였으나 이제는 사회가 교회를 외면하는 상태가 된 것이다.

오늘날 한국 교회가 성장하기까지는 제자화 혹은 제자훈련이라는 특수한 교육 프로그램이 큰 몫을 차지한 것이 사실이다. 그러나 근래에 와서 한국 교회는 심각한 침체에 빠지게 되고 그 원인을 분석하는 시도가 여러 방면에서 있었다. 이유를 여러 각도에서 분석하는 가운데 제자훈련이 한국교회의 침체의 중요한 원인임을 발견하였다. 제자훈련이란 배우고 배운 자가 다시 가르치는 교육의 반복이다. 이러한 연유로 한국 교회의 교인들은 배우는 일은 열심히 하지만 그 이상을 하지 못하는 한계성을 가지고 있다.

예수님의 제자들은 많았다. 마태복음 10장 1절과 2절에는 제자와 사도가 혼동되어 사용되고 있다. 누가복음 6장 12절과 13절에는 많은 제자들 가운데 12사람을 뽑아 사도라고 칭하였다. 사도들은 제자들 중에 선택된 사람들이다. 12제자들은 예수님께서 승천하신 후 오순절 성령강림의 체험 후에는 더 이상 제자가 아니라 사도였다. 제자는 배우는 자이고 사도는 보냄을 받은 자이다. 성령강림의 체험을 한 사람들은 더 이상 제자가 아니라 사도이어야 한다. 듣고 배우는 데 만족하는 사람들이 아니라 세상으로 보냄을 받고 나가는 사람들이 되어야 한다. 배우는 데 만족하는 교회는 세상을 외면하고 세상을 잊어버리게 된다. 사도훈련을 받은 교회들은 세상으로 향하고 세상에 관심을 가진다. 제자훈련에만 흥미를 가지는 교회는 결국 사회를 등지고 사회가 교회를 등지게 될 것이다.

한국인의 습관 가운데는 이상한 것이 있다. 오래전에는 먹지 못하고 영양이 부족한 때가 있었다. 이런 때는 먹어서 영양을 보충하는 것이 중요하다. 그러나 최근에 와서는 영양실조가 되는 사람이 거의 없다. 그런데도 한국인들은 운동으로 건강을 유지하려 하지 않고 먹기만 한다. 그러다 보니 혐오식품도 많이 먹고 세계적으로 이상한 음식을 먹는 사람들로 이름이 나 있다. 우리의 식생활뿐만 아니라 우리의 신앙생활도 이와 비슷한 경우가 많이 있다. 적당히 먹었으면 나가서 일을 해야 하는데 일은 하지 않고 이곳저곳 다니면서 듣기만 하고 받아먹기만 하는 교인들이 많이 있다. 이러한 습관은 버려야 한다. 그래야 교회와 교인이 건전하게 성장할 수 있다.

이제 한국 교회는 제자훈련이 아니라 사도훈련을 통하여 교인들로 하여금 세상으로 나가는 훈련을 하여야 한다. 그래야 침체된 한국 교회가 다시 활력을 얻고 사회에 인정받는 교회로서 사회를 구원할 수 있는 교회가 될 것이다. 사도와 훈련은 한국 교회가 다시 성장할 수 있는 계기가 될 것이다. 사회를 구원하는 교회가 진정한 교회인데 사도화를 통하여 세상으로 나아가서 세상을 구원하는 교회가 되도록 모두가 사도가 되어야 할 것이다.

사회에서 인정받지 못하는 교회는 더 이상 교회가 아니다. 참교회는 제자를 가진 교회가 아니라 사도를 가진 교회이다.

제6장

유종성(월간 빛과 소금 편집장)

주제: 한국교회 양육 리더십, 멘토링으로 갱신하라

대량생산과 분업화를 풍미해 오던 20세기의 경제체제가 21세기를 앞두고 다품종 소량생산과 특성화라는 새로운 패러다임의 경제체제를 예고하고 있다. 대량생산의 필수요소인 규격화와 표준화는 집단주의 사회의 우리 풍토에서 한때 사회적인 미덕으로까지 치부되었다. 교육현장 역시 이 같은 사회적인 패러다임 속에서 예외는 아니었다.

1. 왜! 멘토링인가?

19세기까지만 해도 가정교육이나 서당교육 등 교육 현장에서는 관계와 관계 사이에서 이어져 내려오는 인격적 감화와 영향력이 사회적으로 일반화되어 있었다. 그러나 20세기 이후 학교라는 제도적인 교육은 공장에서 대량 생산되는 물품처럼 인격적인 영향력이 배제된 채 규격화되고 경쟁적인 모습으로 치달아왔다. 산업화가 진전될수록 개인주의는 병세가 악화되었고 공동체가 해체되면서 개인과 개인 사이에 단절된 틈을 타고 죄는 밀물처럼 밀려들어 왔다. 범죄는 갈수록 흉포화·지능화되었다. 학원폭력과 가정파괴도 전 세계적으로 심각성을 더해 왔다. 개인주의가 극에 달해 있는 미국 사회에서 이 같은 병폐는 더욱 짙게 나타났고 드디어는 관계중심의 리더십 유형인 멘토링이 그 사회적 대안으로 등장하여 유행병처럼 번지고 있다.

19세기까지만 해도 공기를 들이마시고 사는 것처럼 생활 그 자체였던 멘토링은 20세기를 거치면서 특정 분야의 사회문화적 전승 방식으로 자리하고 있다. 그러나 이제 다시 사회적 생존차원의 필요에 의해 21세기의 패러다임은 다시 관계적 영향력을 요구하고 있다. 19세기에 공기처럼 가까이 있어서 그 중요성에 무감각했던 우리는 20세기 말에서야 공기가 희박한 고산지대에서 헐떡이는 것처럼 관계중심의 상호 영향력에 목말라하고 있는 것이다. 그래서 미래학자들은 1세기를 관계의 시대라고 부른다.

2. 한국교회에 소개된 멘토링 관련 자료들

현재 미국 교계의 경우에도 세속학문 분야에서 멘토링이 유행하는 것에 비해 교회 적용은 아직 초기단계에 불과하다고 한다. 그 가운데 멘토링 전도사의 역할을 하는 이들은 댈러스신학교의 하워드 헨드릭스, 풀러신학교의 로버트 클린턴, 멘토링 투데이의 설립자 밥 비엘 등이다.

하워드 헨드릭스는 어릴 때부터의 멘토링 경험을 토대로 대규모 남성 경건운동인 '프라미스 키퍼' 운동의 강사로 멘토링의 위력을 전파하고 있다. 그의 책 「철이 철을 날카롭게 하는 것 같이」(As Iron Sharpens Iron, 요단출판사)는 지난 1996년 6월 국내에 소개되었는데 멘토링에 대해 본격적으로 한국교회에 소개된 첫 번째 책이다. 역자가 멘토링이라는 단어를 쓰지 않고 '스승-제자' 관계라고 번역한 것이 초점을 흐리는 느낌은 있으나 멘토링 전반에 걸쳐 소개하고 있다. 자신의 멘제인 아들과의 공저라는 점도 흥미롭다. 97년 번역된 「사람을 세우는 사람」(Standing Together, 도서출판 디모데)은 엘리야와 엘리사 사이에 이루어진 멘토링을 중심으로 다루고 있다. 그의 멘제인 댈러스 신학대학원장 찰스 스윈들 목사가 서문을 썼다.

풀러신학교에서 멘토링을 가르치고 있는 로버트 클린턴 교수는, 현재 그의 지도 아래 멘토링을 연구하는 한국 학생들이 적지 않으므로 곧 한국에도 그의 저서들이 소개될 것이다. 한편 이미 박사 학위를 마치고 돌아온 박건 목사(안양 예전교회 담임)는 멘토링 세미나를 통해 클린턴 교수의 멘토링 이론을 국내에 접목시키고 있다.

97년 「멘토링」(Mentoring, 도서출판 디모데)이라는 제목으로 소개되어 국내에 알려진 밥 비엘은 멘토링 사역에 일생을 걸 만큼 멘토링 전도사로서의 역할을 활발하게 펼치고 있다. 그는 이 책에서 다양한 사례와 함께 교과서적으로 멘토링의 원리를 잘 정리하고 있다. 멘토링의 기간이나 범위를 클린턴 교수나 헨드릭스에 비해 '평생', '한 명' 등으로 강조하고 있는 점이 특징이다. 개인적 차원의

멘토링을 원하는 사람에게는 교과서와 같은 책이나 교회적 적용을
하기에는 융통성이 없어 다소 부담을 준다.

클린턴 교수는 신적 접촉에서 제자훈련자까지 멘토링의 기능을
9가지로 구분하여 범위를 넓힘으로써 교회적 적용 가능성을 높여
주고 있다. 헨드릭스 교수의 경우에도 평생이라는 단어보다 '지속
적' 관계라는 표현을 쓰고 있다.

클린턴 교수는 멘토링의 유형 혹은 기능을 9단계로 나누고 있다.
관계의 빈도, 능동성, 집중도의 기준에서 강도가 약한 것부터 강한
순서로 신적 접촉(Divine Contact) – 역사적 멘토(Historical Model) –
현재적 멘토(Contemporary Model) – 후원자(Sponsor) – 교사(Teacher) –
상담자(Counselor) – 코치(Coach) – 영적 인도자(Spiritual Guide) – 제
자훈련자(Discipler)의 순으로 구분한다.

신적 접촉에 의한 멘토링은 아주 간헐적이고 수동적으로 하나님
의 개입에 의해 인도를 받는 경우를 말한다. 역사적 멘토는 전기를
읽다가 페스탈로치나 슈바이처 등 역사적 인물에 감화를 받아 인
생에 중요한 결단을 하고 지속적으로 그들의 정신적 가르침에 영
향을 받는 경우를 말한다. 현재적 멘토는 현재 살아 있는 인물들
가운데 인생, 사역, 직업에 있어서 모델이 될 뿐 아니라 경쟁심을
불러일으키는 경우를 말한다. 후원자는 조직 안의 리더로서 보호자
와 안내자의 역할을 해 주는 경우를 말한다.

교사는 어떤 특정한 주제에 관해 이해하도록 가르쳐주는 경우에
해당된다. 상담자는 적절한 시기에 자신, 타인, 환경, 사역에 대해
바른 관점을 가지도록 도와주는 경우를 말한다. 코치는 도전하고
격려하고 동기 부여하여 기술을 연마하고 적용해 나가도록 돕는 경

우를 말한다. 영적 인도자는 영적으로 성숙하게 하는 데 영향을 미칠 질문이나 결정에 대해 통찰력을 주고 방향을 제시해 주는 경우를 말한다. 마지막으로 제자훈련자는 전적으로 예수님을 따르는 사람이 되도록 세워주는 경우를 말한다. 이처럼 클린턴 교수는 멘토링에 있어서 가장 관계의 집중도나 빈도가 강력한 관계가 제자훈련 관계라고 본다.

3. 제자훈련은 낡은 옷이 될 것인가

그렇다면 이 시점의 한국교회에 멘토링은 어떤 의미를 갖는가? 이에 대해 이랜드 사목 방선기 목사는 "교회사적인 시각에서 보면 기독교 교육이나 제자훈련이나 멘토링이나 다 그 추구하는 목표는 같으나 더 이상 그 이름으로는 본래 추구하려던 이상을 담을 수 없는 한계적 개념이 되면서 갱신 개념으로 다시 멘토링이 등장하는 것으로 보인다."고 말한다. 예수님의 양육 원형을 담기에 교회사적 인식 면에서 낡아버린 제자훈련이라는 이름은 가고 다시 그 원형의 의미를 새롭게 부각시켜 줄 멘토링이라는 새 부대가 등장한다는 것이다. 그럴지라도 기독교교육이 1:1일 것을 요구한다. 한국선교훈련원 원장 이태웅 목사는 "신약적인 멘토링은 속박하거나 추종관계를 만드는 것이 아니다. 상호 존중하는 가운데 쌍방적인 배움의 관계가 되어야 한다."고 말한다. 선교단체 안에서 이루어져 온 일대일 제자훈련은 종종 경직된 일면을 보여 왔다.

인생 전 영역에 걸쳐 전천후 멘토링을 해 줄 수 있는 분은 예수님 한 분뿐이었으며 교회 안의 모든 지체는 모든 지체가 서로 멘토링하는 환경을 구축해야 한다고 말한다. 따라서 한 개인은 큐티, 전도, 성경공부 등에 있어서 각각의 멘토를 둘 수 있다. 또 한 가지 기억해야 할 점은, 멘토링은 한 사람이 주님께 돌아와 회심하는 과정에서부터 그 사람이 성숙하고 헌신하여 주님의 사역자가 되기까지 세워가는 방향성을 바라보고 이루어져야 한다는 것, 또한 멘제의 상황이 현재 어떤 신앙 상태에 있는지 멘토링이 아주 기초단계부터 구체적으로 필요한지 아니면 멘토링의 마지막 단계부분만 필요한지를 파악하여 멘제의 홀로서기를 위한 상황적 멘토링도 필요하다.

멘토링은 양육 방법이기보다 양육 태도이다. 우리가 흔히 아는 목자나 아비의 양육태도를 한 사람에게 집중하여 정성껏 섬기는 것이다. 멘토링의 시각에서 취재하며 다시 살펴본 한국교회의 구석구석에는 실재로 이와 같은 양육 태도로 임하는 멘토들이 적지 않게 발견되었다. 그들이 비록 멘토링의 핵심개념은 이해하고 있지 못한다 할지라도 주일학교 교사 중에도, 구역장 중에도 작은 예수들은 있었다. 선교훈련 받으러 온 선교후보생들 한 사람 한 사람을 그 몇 개월 동안 심혈을 기울여 돌보시는 목사님, 어린 두 아이가 있는 구역식구를 꼬박꼬박 차로 챙겨 구역모임에 데려갈 정도로 세심하게 살펴주시는 구역장님, 주일학교에 나온 아이가 형과 싸웠다는 이야기를 듣고 집에까지 찾아가 화해시켜 주는 교회학교 선생님 등.

이러한 심정으로 양육사역에 임한다면 멘토링의 목회적 적용은 예수의 사람을 세워가는 양육사역을 더욱 힘 있게 펼쳐가는 이 시대의 지혜로 쓰임받을 것이다. 새로 교회에 나온 이들에게 파트너를 붙여 챙겨주는 새가족부 멘토링은 교인의 정착률을 높여 줄 것이요, 구역모임에 속하기를 꺼리는 이들을 위한 관심 분야별 멘토링그룹은 보통 출석교인의 1/3 정도만 구역모임에 연결되어 있는 건강하지 못한 교회구조를 개선해 줄 것이다. 또한 본격적인 제자훈련 전 단계에 양육과정으로 멘토링 과정을 두어 멘토링 차원의 일대일 양육과정을 거치게 하면 제자훈련에서의 탈락률은 현저히 줄어들 것이다. 교회들이 제자훈련에 실패하는 가장 큰 이유가, 준비가 부족한 성도들을 성급히 고난도의 제자훈련에 투입하는 것이기 때문이다.

소그룹 목회를 통해 멘토링 사역을 하고 있는 M교회의 K 목사는 "제자훈련은 70년대~80년대 프로그램이다. 훈련의 목적은 '훈련'이 아니라 '삶이 변하는 것'인데 많은 경우에 훈련 프로그램으로는 인간의 본바탕이 변하지 않는다."고 단언한다. 그 대안으로 함께 자면서 삶을 나눌 수 있는 목회로의 대전환을 제안한다. 그럴 때 하나님 나라의 가족임을 인식하고 삶을 통해서 하나님 나라의 가족이 어떻게 살아가야 하는지 보며 배우게 된다는 것이다.

우리가 자은 예수로 이 땅을 살아산 그 자리에, 나와의 열린 관계를 통해 세워진 또 한 사람이 내게 주셨던 하나님의 비전과 소명을 이어받아 우뚝 서 있다는 상상을 해 보라. 그리고 오늘 예수님의 심정으로 나의 양육태도를 가다듬어 보자.

Part 4

멘토 체계적 양성방법

멘토는 우리가 쓰고 있는 은유적 용어인 스승(Mentor)이라는 말
의 기원이다. 모든 묘사적인 언어처럼 멘토는 사람들에 따라 각기
다른 의미를 가진다. 멘토는 주인, 인도자, 본보기, 지도자, 선생,
아버지 같은 사람, 트레이너, 가정교사, 조언자, 상담자, 코치일 수
있다. 그리고 그 외에도 더 많은 가능성이 있으므로 멘토의 역할의
정확한 정의는 인간경영을 주도하는 리더(Leader), 즉 포괄적인 존
재라고 말해야 할 것 같다. 이와 같이 리더격인 멘토에 관하여 아
래 내용과 같이 체계적인 양성방법을 제시하고 아울러 멘토링 활
동의 성공 여부를 촉진하고자 하는 것이다.

Episode ◀ 인재개발 인간성

하버드 의대 수석합격자는 의기양양하게 최종 면접 시험장에 도
착했다. 그는 그를 알아보는 주위의 시선을 느끼면서 우쭐하는 마
음으로 콧노래를 부르면서 차례를 기다리고 있었다. '괜히 시간만
낭비하는 군' 하고 속으로 되뇌었다.

이윽고 차례가 와서 가벼운 마음으로 담당 교수에게 목례를 하
고 정 위치에서 질문에 대한 마음의 준비를 하고 있었다. 하얀 머
리칼이 인상적인 노교수는 무엇인가 서류를 계속 주시하고 있었다.
이윽고 간단한 몇 가지 문답을 나눈 후에 교수의 색다른 질문을 받
고 그 학생은 한참이나 말문을 열지 못했다. 재차 노교수는 "학생,
헌혈해 본 경험 있나?" 하고 답을 재촉했다. 그제야 "예?, 예……
해 본 적이 없다."라고 대답했다. "의사가 되려면 지식도 중요하지
만 인간을 사랑하는 마음이 앞서야 하네." 그 후 최종 합격자 명단

에 아쉽게도 그 학생의 이름은 없었다.

제1장 멘토 개발의 의미

제2장 평신도 멘토개발 기술

제3장 멘토 개발 교육 프로그램

제1장

멘토 개발의 의미

1. 멘토란?

멘토(Mentor)란? 한 사람을 왕자처럼 소중히 여기고 자신의 역량 (Competency)을 최대한 발휘하여 차세대 리더(Post Leader)로 세우는 일을 하는 사람이다.

세계적인 추세에서 지난 5년에서 10년 사이에 멘토의 역할이 계속 바뀌었다, 약 10년 전까지만 해도, 멘토는 보편적으로 나이든 사람이라고 생각되었고, 어떤 형태로든 연배가 낮은 사람을 도울 수 있는 연배 높은 사람이 멘토로서 적당하다고 여겨졌다. 멘토의 역할에 대한 개념은 그 후로도 수시로 바뀌었다.

멘토로 역할을 하겠다고 결정하는 것은 매우 자비로운 행동으로 간주된 적도 있다. 이런 경우 체계적으로 설명을 잘해 주거나 기대하는 것은 고사하고, 누구도 멘토가 하는 행동 방식에 대해서 의문을 제기할 수가 없었다. 멘토가 있으면 그야말로 운이 좋은 사람이라고 생각되어, 멘토의 기이한 습관이나 비현실적인 기대감도 견뎌야 했으며 그저 감사할 따름이었다.

오늘날 멘토링은 보다 쉽게 수용할 수 있는, 기업의 일반적인 업무로 다뤄지는 관행의 일부다. 특히 제도적인 멘토링 프로그램(Systematic Mentoring Program)에서는 보다 많은 사람들이 융화할 수 있는 관행이 됨에 따라, 멘토링의 모호한 부분이 줄어들어, 보다 접근이 용이하게 되었다.

이제, 멘토는 훨씬 설명하기가 수월한 제도가 되었다. 멘토로서 관리자에게 기대하는 바가 무엇인지, 어떤 것은 효과가 있고 어떤 것은 없는지에 대해서 보다 보편적인 동의를 얻고 있다. 또한 멘토링에 의한 관계가 최적의 결과를 얻기 위해 어떤 식으로 구성되어야 하는지에 대해서도 보다 많은 사람들이 한목소리를 내고 있다. 현재, 멘토로서의 관리자 역할이 권력과는 거리가 멀다. 연공서열이나 교육보다는, 서로 의견을 공유하고 발전하는 것에 초점을 두고 있다.

간단히 말해서, 멘토링은 도움을 받는 멘제 직원의 전반적인 성장을 지원하고 향상시키기 위한 것이지, 직원의 정규업무를 돕는 것은 아니다.

멘토링 관계에서의 가르침은 멘토, 즉 상당한 지식이나 경험을 가진 사람이…… 자신이 가진 것(지혜, 정보, 지식, 신념, 통찰력, 관계, 지위 등의 근원들)을 멘제에게 적절한 때에 적절한 방법으로 전달하여 멘제의 발전이나 성장을 돕는 것이다.

-폴 스텐리와 로버트 클린턴-

현대적인 용어로 하면 멘토는 당신이 당신의 삶의 중요한 목표들을 달성할 수 있도록 개인적으로 당신을 도와주는 영향력과 경험을 갖춘 사람들이다. 이들은 (그들이 아는 사람이나 아는 것을 통해) 당신의 복지를 증진시킬 힘을 가지고 있다.

- 린다 필립 존스 -

멘토링 관계를 정의하는 것은 다소 어렵지만 이것을 묘사하는 것은 아주 쉽다. 이것은 평생 동안 당신을 보살펴주며 당신이 잘하는 것을 보고 싶어 하는 아저씨를 가지는 것과 같다. 그는 당신의 경쟁자가 아니다. 그는 당신과 경쟁하거나 당신을 좌절시키려고 있는 것이 아니라 당신을 지원하려고 있다. 그는 당신의 비평자이기보다는 당신의 응원자이다.

- 밥 비엘 -

멘토링 관계는 한 인간이 초기 성년기에 가질 수 있는 가장 복잡하면서도 개인적인 발전에 중요한 관계 중 하나이다. 멘토는 일상적으로 제자보다 나이가 여러 살 더 많고 세상에서 경험이 더 많으며 더 높은 지위에 있다. 여기에서 우리가 마음속에 두고 있는 관계의 성격을 표현할 수 있는 적절한 말은 없나. '상담자'나 '도사'(導師, guru)와 같은 말들은 더 미묘한 의미들을 암시하지만 정작 스승이란 말이 가지는 함축적인 의미들은 놓쳐버린다. 멘토라는 말은 일반적으로 훨씬 더 좁은 의미로 사용되어 교사, 조언자, 후원자 등을 뜻한다. 우리가 이 단어를 사용할 때, 이 단어는 이 모든 것들과 그 이상의 것들을 의미한다.

멘토링 관계는 형식적인 역할에서가 아니라 이 관계의 성격과 이 관계가 제공하는 기능(역할)이라는 견지에서 정의된다…….

멘토링 관계가 무엇을 얼마만큼 제공하는지를 알아보기 위해서
는 관계를 긴밀하게 살펴보아야 한다.

- 다니엘 레빈슨의 「남자가 겪는 일곱 가지 계절」-

그리스도인들에게 있어 멘토링은 실제 세계에서 말로 표현할 수
없는 목적들을 가진다. '제자훈련'이 긴밀한 동의어이지만 다음과
같은 차이점들이 있다. 제자 훈련자(discipler)는 제자가 (1) 하나님
아버지의 뜻을 위해 자신의 뜻을 포기하도록 (2) 날마다 그리스도
의 영광을 위해 영적이며 희생적인 삶을 살도록 그리고 (3) 지속적
으로 그의 주인이신 하나님의 명령에 순종할 수 있도록 도와주는
사람이다. 반면에 본을 보이며 특별한 계획들을 세밀하게 감독한다.
또한 멘토는 멘제를 훈련시키며, 멘제에게 용기를 주고, 멘제의 잘
못을 바로잡고, 멘제로 하여금 문제를 맞대응하게 하며, 멘제에게
책임감을 불어넣는 것처럼 여러 부분들에서 개인적인 도움을 준다.

- 테드 엥스트롬 -

2. 멘토 개발의 필요성

한 사람을 소중히 여기는 멘토링(Mentoring)은 전통적 멘토링으
로 인간관계 촉진을 통하여 개인 업무 능률을 향상시키고, 제도적
멘토링으로 인재 경쟁력을 확보하여 조직의 높은 생산 성과(High
Performance)를 달성하고자 하는 것이 멘토 인재개발의 목적이다.

멘토 개발의 의미는 먼저 개인 자신은 물론 조직이 바라는 바람
직한 멘토로 개발 육성하려는 것이다.

이제부터 멘토 개발이라는 것이 개인과 조직의 입장에서 각각 어떤 의미를 지니며 바람직한 멘토상은 무엇인지에 대하여 알아보도록 하겠다. 아울러 멘토에게 동기 부여를 통하여 자생력을 뒷받침할 수 있는 요소도 함께 다루기로 하겠다.

멘토 개발은 인재개발에 초점을 두고 있다. 사전적인 의미에서 개발(development)이란 일반적으로 사물이나 사람의 진보적인 변화를 통한 발전과 성장을 촉진하는 활동을 의미하는데, 특히 사람의 창의성과 자발성을 자극하고 자주적인 태도와 습관을 배양함을 말한다.

멘토 개발은 개인의 입장(인간성: Humanity)과 조직의 입장(생산성: Productivity) 모두에서 그 의미를 살펴볼 수 있다. 개인의 입장에서 개발이란 단기적으로는 개인 자신이 담당한 직무에 대한 태도, 즉 일에 대한 만족감이나 긍정적인 태도를 갖는 것을 말하며, 장기적으로는 개인 스스로의 자기 정체감을 높이는 것, 즉 인간성 중심을 의미한다. 그리고 조직의 입장에서 개발이란 단기적으로는 조직의 성과에 기여할 수 있도록 개인의 능력과 자질을 향상시키고 성과를 제고하려는 것이며, 장기적으로는 조직 환경변화에 대한 적응력을 높이는 것, 즉 생산성이다.

이런 점에서 볼 때 멘토 개발은 개인과 조직 사이의 적합성(person-organization fit)을 높여 개인의 인간성 목표와 조직의 생산성 목표가 합치될 수 있도록 하는 활동이라고 할 수 있다.

따라서 개인수준에서 초점을 두고 있는 멘토 개발이란 조직에서의 개인, 즉 인적 자원을 대상으로 개인이 자신은 물론 조직에서 바라는 바람직한 리더(Leader)로 성장할 수 있도록 개인과 조직 모두가 노력하는 활동이라고 정의할 수 있다. 이처럼 멘토 개발이 인재

개발에 초점을 두는 이유는 조직이 활동할 수 있는 자원은 여러 가지가 있겠으나 그중 인적 자원을 조직의 근본적이고 가장 중요한 자원으로 전제하고 멘토 개발에서 멘토를 어떻게 개발하고 활용하는가 하는 문제가 멘토 개발의 성공 여부를 좌우하는 관건으로 여기기 때문이다.

따라서 멘토 개발이란 조직구성원에게 조직이 요구하는 가치개발을 할 수 있도록 조직이 지원함은 물론 개인 스스로가 노력함을 포함한다. 멘토 개발은 사람을 돈이나 물자처럼 취급하여 일방적으로 조직이 바라는 대로 변환시키고자 하는 것이 아니라 개인의 욕구, 개인의 인생설계, 개인의 가치관, 개인의 존엄을 존중하면서 동시에 조직이 추구하는 목표를 일치시키고자 하는 데에 초점을 두고 있는 것이다.

이러한 멘토 개발의 의미는 이른바 인적 자원 포트폴리오를 통해 더욱 분명하게 이해할 수 있다. 인적 자원 포트폴리오 관리도(human portfolio management grid = BCG 컨설팅 제공자료)에서 볼 수 있는 바와 같이 조직에서 능력이나 업적이 모두 낙후되어 있는 결격사원(deadwood), 능력은 있으되 낮은 성과를 보이는 문제사원(problem employee), 능력은 낮을지라도 성과가 높은 잠재사원(work horses)들이 있게 마련이다.

특히 잠재사원과 문제사원은 기업에서 대다수 인력을 차지한다. 멘토 개발이 이러한 구성원들을 능력 면에서나 업적(성과) 면에서 뛰어난 스타(star)와 같은 우수사원 멘토로 양성하려는 것이다.

멘토 개발은 조직구성원들 중 유능직원은 더욱 유능한 직원이 될 수 있도록 능력 개발과 업적 향상의 기회를 부여하고 지원하려

는 것이며, 특히 조직구성원의 대다수를 차지하고 있는 문제사원이
나 잠재사원이 유능한 리더로 성장하도록 조직의 지원과 개인의
노력을 촉구하는 데에 그 특징이 있다.

결격사원에 대해서 해고시킨다는 식의 단순한 발상을 하는 것이
아니라 이들을 개발과 육성의 대상으로 인식하고 멘토의 지도를
통하여 유능한 멘토가 될 수 있도록 성장의 기회를 제공하고 스스
로 노력을 기울이도록 지원하는 것이다.

멘토 개발은 현재의 유능한 인재만을 아끼고 존중한다는 의미에
서가 아니라 능력과 업적이 부족한 사람들도 더욱 발전적인 방향
으로 이끌고 지원한다는 점에서 그 의미가 있는 것이다.

이처럼 멘토 개발이 인재개발을 촉진하고자 하는 것은 인간잠재
력(human capabilities)과 그 중요성에 대한 믿음을 기초로 하기 때
문이다. 결국 멘토 개발은 사람의 잠재능력을 키우면서 그 능력을
발휘할 수 있는 기회를 공정하게 제공함으로써 조직의 성장과 발
전을 추구하는 개발지향적 조직목표를 달성하고자 하는 것이다.

향후 조직이 지속적으로 성장 발전하기 위해서 조직은 구성원 개
개인으로 하여금 업무수행기량의 향상을 통해 직무를 성공적으로
수행하여 경영성과의 향상을 가져오도록 지원하고, 개인은 자신의
미래를 대처하고 책임질 수 있는 리더로 키울 수 있는 경영활동을
스스로 수행하여야 한다. 여기에서 멘토 개발은 다음과 같은 필요
성을 가지고 있다.

첫째, 멘토 개발은 조직구성원들 간에 그리고 개인과 조직 간에
상호신뢰의 풍토를 정착시킬 수 있다.

사람을 개발하고 육성한다는 것은 조직구성원들이 상호유기적인

업무협조 체제를 가질 수 있도록 만든다는 의미다. 또한 개발을 통해 조직은 개인들이 자신의 업무를 성공적으로 수행할 수 있으리라는 믿음을 기초로 업무를 맡길 수 있게 되고, 이를 통해 개인과 조직은 상호신뢰를 할 수 있게 되는 것이다.

둘째, 멘토 개발은 개인과 조직 목표를 합치시킬 수 있다.

개인은 자기개발을 통해 조직에서 바라는 인재가 됨으로써 자기성장욕구를 충족시키고, 조직과 사회에 공헌할 수 있기를 바라며, 조직 역시 훌륭한 인재의 확보와 육성을 통해 조직의 성장발전을 이루고자 한다. 인재개발을 통해 개인의 성장과 발전을 촉진함으로써 조직의 성과를 높일 수 있는 것이다.

셋째, 멘토 개발은 조직과 자기업무에 대한 호의적인 태도를 갖고 바람직한 행동을 하는 멘토를 개발하는 것이다.

즉 멘토 개발은 개인이 일에 대한 건전한 가치관 및 행동방식을 갖도록 하고 이것을 조직구성원들 간에 공유되도록 한다. 그 결과 조직구성원들은 자기조직에 대한 강한 소속감과 자부심 및 높은 업무의욕을 가지고 상호 협동하여 일을 열심히 할 것이다. 또한 신입원(New Comer)이 조직문화적 가치관 및 행동방식에 적응하여 조직의 일원으로 정착되도록 함으로써 개인과 조직 간에 상호 적합성을 제고시킨다.

넷째, 멘토 개발은 구성원의 개인역량을 배양함으로써 타 조직이 모방할 수 없는 기업의 내부적 핵심역량을 개발하는 활동이다.

기업경쟁력의 원천은 물질적 경제적 차원과 정신적 사회적 차원으로 나눌 수 있는데, 사회적 차원에서의 여러 가지 원천 중에서 가장 중요한 것이 사람이라고 할 수 있다. 사회적 차원의 경쟁우위의 요소는 사회적 자원(social resources)이라고 하는데, 여기에는 조직문화라든가 인적 자원관리 관행 등 사람과 불가분의 관계에 있는 것들이 포함된다. 이러한 사회적 자원은 가치성, 희귀성, 모방 불가능성, 대체 가능성의 부재라는 점에서 한 조직 고유의 역량이며 인재경쟁력인 것이다.

이처럼 멘토 개발은 조직의 인재경쟁력 제고의 출발점이 된다. 최근 조직 간 경쟁이 격화되고 주로 소프트한 측면들이 경쟁우위의 요소가 되고 있는 상황에서 '인재의 차이'가 그대로 '조직의 차이', '성과의 차이'로 나타나고 있기 때문에 조직이 성공하기 위해서는 그 어느 때보다도 우수한 멘토 개발의 필요성이 절실히 요청되고 있는 것이다.

3. 멘토 개발 5가지 기준

멘토를 구체적인 핵심인물로 개발하는 데 5가지 기준을 설정하고 그에 따라 핵심인물로 개발하는 방법을 다루도록 하겠다. 멘도들이 시간을 어디에 써야 할지를 궁금해할 수도 있다. 그러므로 교회의 핵심그룹 속에 다음 다섯 가지 형태의 멘토들을 확보할 수 있도록 노력하여야 한다. 이 다섯 가지 형태의 멘토는 교회에 놀라운 가치를 부여해 줄 것이다.

1) 잠재력의 가치 – 자신의 능력을 개발하는 멘토

모든 리더들이 가져야 하는 첫 번째 능력은 자기 자신을 지도하

고 동기 부여를 주는 능력이다. 당신의 눈을 이런 잠재력을 가진
멘토를 보기 위해 넓게 열라.

2) 긍정의 가치 – 조직의 사기를 진작하는 멘토

조직에서 피스메이커(Peace Maker)로서 다른 사람을 세워주고 조
직의 사기를 높여주는 사람, 즉 멘토(Mentor)는 무한한 가치가 있는
사람이다. 그들은 핵심그룹에 속할 수 있는 훌륭한 자산을 가진 사
람들이다.

3) 인격의 가치 – 멘제를 멘토로 개발하는 멘토

어느 사람이 나에게 이렇게 말했다. "맨 위에 있는 사람은 외롭
다. 그러므로 당신이 왜 거기에 있어야 하는지를 잘 아는 것이 좋
다." 멘토는 무거운 짐을 지고 가는 사람이라는 것은 사실이다. 사
실 앞에서 일할 때, 멘토는 사람들의 손쉬운 표적이 될 수 있다.
그러나 홀로 그 짐을 지려고 해서는 안 된다. 그래서 우리는 이렇
게 말할 수 있다. "맨 앞에 있는 사람은 외롭습니다. 그러므로 다
른 사람과 그 일을 함께하시오."
멘제를 세워주는 사람보다 더 좋은 사람이 어디에 있겠는가? 그
사람이 예스맨으로서가 아니라 동역자요 든든한 후원자일 때 말이
다. 멘제를 향상시켜 줄 수 있는 핵심인물인 멘토로 그룹을 형성할
수 있도록 노력하자.

4) 생산의 가치 – 다른 사람을 세워주는 멘토

다른 사람을 리더로 세워주는 능력을 가진 멘토는 당신의 핵심 그룹에서 대단히 중요한 인물들이다. 이러한 멘토에게 핵심역량은 바로 멘토십으로 무장하는 것임을 알아야 한다.

5) 인정의 가치 – 다른 사람들을 세워주는 리더를 기르는 멘토

어느 것보다도 소중히 여겨야 할 가치는 다른 리더들을 자신과 같은 멘토로 길러주는 리더, 즉 멘토의 가치이다. 이 가치는 다양한 리더십을 발생시킨다.

4. 멘토 자생력개발 방법

1) 멘토의 자질개발

멘토링을 연구했던 대부분의 학자들은 멘토에 대한 정의를 내리는 데 어려움과 혼동을 겪고 있다는 것이다. 이 말은 멘토라는 말은 어떤 한 단어 혹은 한 문장으로 쉽게 정의내릴 수가 없다는 것이다.

멘토라는 단어 안에는 여러 종류의 의미가 내포되어 있는데, 예를 들면 교사, 인생의 안내자, 본을 보이는 사람, 후원자, 의욕을 고취시키는 사람, 비밀까지도 털어놓을 수 있는 사람, 스승 등이 있다.

어떤 사람이 멘토로 불리기 위해서는 이들 중 적어도 서너 가지의 자격을 갖춘 사람이어야 한다. 한 문장으로 정의를 내리자면 멘토는 '상대보다 경험이나 연륜이 많은 사람으로서 상대방의 잠재력을 볼 줄 알며, 그가 자신의 분야에서 꿈과 비전을 이루도록 도움을 주며 때로는 도전도 줄 수 있는 사람' 결론은 '전인적인 삶의 조언자'라고 할 수 있다.

그러면 누가 멘토가 될 수 있는가? 멘토의 자질은 무엇인가에 대해 알아보기로 하자. 멘토는 누구나 될 수 있지만 아무나 될 수는 없겠다. 거기에는 몇 가지 자질이 요구된다.

(1) 멘제의 인격을 존중하는 사람(Personal Respect)

멘토는 멘제를 하나의 진정한 인격으로 대하는 사람이다. 상대방을 자신의 목적을 위해 이용하려는 사람, 즉 정치적인 의도가 다분한 사람은 멘토의 자격이 없다. 20세기의 위대한 사상가 마틴 부버는 이것을 지적하여, 상대방을 수단으로 보는 것은 '나와 그것(I - It)'의 관계라고 말한다. 그러나 멘토는 상대방을 자신과 동등하게 존중받아야 할 인격체로 이해하며 가면을 벗고, 상대방을 조정하려는 자세를 버린다. 이러한 때 진정한 관계가 성립되고, 부버가 강조하는 '나와 너(I - Thou)'의 관계로 발전된다.

(2) 멘제에게 긍정적인 사람(Peace Maker)

멘토는 평소의 삶이 긍정적 자세인 사람이며, 마음이 열린 사람이다. 멘토는 마치 부모나 가족과 같아서 자신의 멘제에게 일관된 관심을 줄 수 있어야 하는데, 삶을 보는 시각이 부정적이거나 마음이 닫힌 사람은 멘토로서는 자격이 결여된다.

(3) 멘제의 특성과 잠재력을 볼 줄 아는 사람(Potential Power)

멘토는 멘제가 지닌 적성을 볼 수 있는 사람이다. 멘토는 보통 멘제보다 세상경험이 많은 사람이다. 그 분야에서 이미 시행착오를 겪은 사람이다. 그리고 상대방의 장점을 극대화시키며, 상대방의 단점을 극소화시킬 수 있는 안목이 있다.

(4) 멘제와 의사소통이 능한 사람(Communication)

멘토는 의사소통에 능한 사람이다. 같은 말을 해도 상대방에게 부정적인 표현 등을 통해 부담을 주는 것이 아니라, 힘과 용기를 줄 사람이다. 그리고 중요한 것은 상대방의 견해를 소화하는 열린 귀가 있는 사람이다.

(5) 조직에 대한 올바른 가치관(The View of Value)을 가져야 한다

먼저 멘토는 자신이 회사의 배려로 오늘과 같은 가치 있는 구성원으로 업그레이드되었음을 인정하고 이러한 조직에 대한 올바른 가치관을 가지고 멘제에게 자신이 소유한 정보, 지식, 업무 등, 즉 가치를 제공할 경우, 멘제는 멘토에게 좀 더 호의적으로 다가올 수 있다. 회사가 멘토인 나를 키워주었으므로 나는 대신 멘제를 키운다.

(6) 핵심역량(Competency)과 업무의 다양한 전문성을 갖춰야 한다

멘토는 개인의 노력이나 회사의 지원을 통하여 소유한 역량(Competency)과 다양한 전문지식을 멘토링 활동에서 멘제와의 자율학습향상, 업무조기숙달, 경력개발, 지식경영 등에 최선을 다하여 발휘함으로써 멘토링 목표를 성공적으로 달성하는 데 기여할 수 있다.

2) 멘토의 역할개발

멘토의 역할은 멘토의 정의부터 따져 보는 것이 순서일 것이다. 아직까지는 멘토링과 마찬가지로 멘토에 대한 정확한 정의나 한마디로 표현할 만한 단어를 역시 발견하지 못한 것 같다. 멘토링만큼이나 많은 의미를 내포하고 있으며, 멘토링의 핵심이 바로 멘토임을 시사하는 대목이기도 하다. 멘토에 대한 유래에 대해서는 이미 언급되었으니 생략하기로 한다. 다만 신화 속에서 등장하는 멘토(Mentor)가 멘토의 기원이 되기는 하였으나, 멘토의 역할에 대해서 17세기 페넬롱(Fenelon)이 쓴 '텔레마코스의 모험'에서는 텔레마코스의 상담자로 기록하고 있다(Name into Work, 1950). Oxford English Dictionary(1933)에는 "멘토는 기억하는 것, 생각하는 것, 상담하는 것의 의미를 지닌 멘(men)의 어원에서 왔다."고 기록하고 있다. "이와 같이 멘토는 주인, 인도자, 본보기, 아버지 같은 사람, 선생님, 트레이너, 가정교사, 조언자, 지도자, 인도자, 상담자, 코치, 랍비 등 그때그때의 역할에 따라 사용되어 왔으며, 이는 멘토와 다른 유사단어와 혼동하여 사용하고 있는지 자체도 알지 못한 상태에서 말이다."라고 Michael G. Zey 박사는 말하고 있다.

하워드 헨드릭스 교수는 멘토가 수행하는 형태에 의해서가 아니라, 다른 사람과 가지는 관계의 성격과 관계가 가지는 기능에 의해서 멘토를 정의하여야 한다면서, "멘토는 당신의 성장을 돕고, 당신의 계속적으로 성장시키며, 당신이 삶의 목표를 실현하도록 돕는 일에 헌신된 사람이다."라고 정의하고 있다

오늘날 조직사회에서 멘토는 멘제를 위하여 전인적인 삶의 조언

자다. 여기서 전인적이라는 의미는 단순이 업무적인, 즉 전문적인 조언뿐만 아니라 정서적인, 윤리적인 면을 포함해서 바로 인격적인 것을 말한다. 그리고 삶이라는 의미는 단순이 일회성 이벤트적인 것이 아니라 일정 기간 동안 가정, 직장 사회생활까지의 삶을 말한다. 조언자라는 의미는 멘토는 조언이나 권면을 하는 것이고 최종 결정은 멘제가 한다는 것을 의미한다.

멘토의 올바른 역할	멘토는 전인적인 삶의 조언자이다. 전인적인 3가지는 인격을 의미하며 아래와 같다.
전문적인 면 – 지(知)	지식, 기술, 학습, 업무, 정보, 자격증, 학위 등을 전이한다.
정서적인 면 – 정(情)	포용력, 이웃돕기, 정신 · 신체건강관리, 인간관계 등을 전이한다.
의지적인 면 – 의(意)	의지력, 결단력, 윤리적 리더십, 목표설정 기획력, 절제력 등을 전이한다.

이러한 멘토가 되기 위하여 갖추어야 할 5가지 역할 멘토십 스킬을 소개하면 교육(Teaching)에 대한 스킬, 상담(Counseling)에 대한 스킬, 지도(Coaching)에 대한 스킬, 후원(Sponsoring)에 대한 스킬, 그리고 조정(Confronting)에 대한 스킬이다.

(1) Teaching(교육) – 가르치는 교사의 역할(IQ부문)이다

교육을 실시하는 것은 멘제에게 테크닉을 주입시키는 것이 아니다. 교육의 근본은 '너는 우리 가족이다' '너는 해낼 수 있다'는 의식을 깨우치는 것이다. 이 기본만 확실히 되어 있다면, 이후의 기술 습득과정은 60%~90% 단축된 것이나 다름없다. 왜냐하면 이 자각이 학습의욕을 불러일으키기 때문이다.

그러나 유의해야 할 점은 '교육'과 '지시 내리는 것'을 혼동하여서는 안 된다. 교육이 일방적인 지시가 되어서는 안 된다는 것이다.

적절한 도구와 행동의 자유를 주어 스스로 해 보도록 하고 결과에
관하여 구체적이고 솔직한 피드백을 해 줌으로써 잠재능력을 향상
시키는 것이다. 그러한 잠재능력을 누구나 갖고 있다는 굳은 신념
에 입각하여 행동하는 것, 이것이 교육의 진수이다.

(2) Counseling(상담) - 들어주는 상담자의 역할(EQ부문)이다

교육을 담당하는 자라면 누구라도 한 번은 '수강생 제일'이라는
모토를 내세운다. 이 신조가 조직에서 실제 행동으로 이어지느냐
아니면 말로만 그치느냐가 상담자인가 아닌가를 가르는 판단 기준
이 된다. 카운슬러 역이 서툴다는 것은 - 즉 문제해결에 나서는 것
이 너무 이르거나 너무 늦는 것 혹은 수강생에게 너무 엄격하거나
지나치게 관대한 것, 학습적으로 단 시간에 끝맺거나 까닭 없이 질
질 끄는 - 이 모토가 체면용에 지나지 않음을 입증하는 것이다.

이제 멘토로서 상담스킬을 다룬다. 멘토로서 카운슬러의 역할은
멘제가 실력을 마음껏 발휘하는 것을 가로막는 문제를 이해시키고
그 문제의 해결에 도움을 주는 것이다. 시간을 가지고 인내심을 지
녀야 한다. 물론 더러는 30분만 들이면 해결할 수 있는 것도 있다.

정보부족이나 단순한 오해에서 비롯된 문제는 쉽게 풀린다. 그러
나 훌륭한 기술을 가지고 있음에도 불구하고 팀플레이를 주저하는
멘제를 설득하여 다른 사람과 협력하도록 만들기 위해서는 며칠이
나 몇 개월이 걸릴지도 모른다. 카운슬링이란 이러한 여러 가지 문
제 상황을 해결해야 하는 '감초'인 것이다.

(3) Coaching(코치) - 같이 뛰어주고 친목교제를 나누는 코치의 역할이다

코칭(Coaching)과 후원(Sponsoring)은 미묘하지만 차이가 있다. 후원은 두드러진 능력을 가진 멘제를 무리 속에 사장되지 않도록 끌어내주고 밀어주는 것인 데 반해, 코칭은 일반적으로 멘제를 온전한 조직원으로 만들고 적극적으로 조직에 참여하도록 정서적인 친목을 유도하는 것이다.

구체적으로 말하면, 멘제와 친목 교제를 하는 것, 즉 업무 가운데서 신뢰를 유지하는 것, 활력을 부여하는 것, 반면 멘제와 업무를 떠나서 인성적인 차원에서 등산, 외식, 영화, 경기관람, 가정방문, 서점방문 등으로 친목을 통하여 마음이 하나가 되는 것이다.

(4) Sponsoring(후원) - 추천하고 신분을 보증해 주는 후원자 역할이다

후원이란? 강력한 훈련을 실시하여 용기를 북돋아준 다음 멘제가 자신의 힘으로 학습을 수행할 수 있도록 여러 조건을 마련해 주는 것이다.

멘토 후원자는 멘토가 실력을 마음껏 발휘할 수 있도록 장애물을 제거하여 홀로 설 수 있도록 한다. 멘제가 조직에 적응과 업무와 학업에 필요한 기술을 이미 익힌 상태에서 이것을 발휘하도록 하는 것이 후원이다. 후원의 요점은 그때까지 잡아주고 있던 손을 갑자기 놓지 않는 것이다. 갑자기 손을 놓아버리면 비틀거리며 쓰러지고 만다.

반대로 너무 오래 붙들고 있어서도 안 된다. 한참 잡고 있다 놓을 때는 또 사정없이 놓아버리면 멘제는 이때 그동안 가졌던 멘토에 대한 신뢰를 잃어버리게 된다.

후원이란 원 투 원(One to One)으로 멘제의 자립성을 개발하는 것이다. 멘토는 멘제의 가이드인 것이다. 멘토는 멘제를 자신의 생각대로 움직이게 하고 싶은 충동에 휩싸이기 마련이다. 그렇지만 이 충동을 뿌리치는 것이 후원자로서 지녀야 할 중요한 마음가짐 중의 하나이다.

후원자의 역할은 기본원리로 공평(Fairness), 자유(Freedom), 참여(Commitment), 지원(Waterline) 등 네 가지를 들 수 있다.

멘제와 그 후원자 멘토는 이 기본원리를 제대로 수행할 수 있어야 비로소 승자로 살아남을 수 있다. 멘토로서 후원자는 자발적으로 후원대상자인 멘제의 활동, 행복, 진보, 성취, 개인적 문제, 장래 희망 등등에 적극적인 관심과 긍정적이면서 남에게 칭찬을 아끼지 말아야 한다.

(5) Confronting(조정) - 맞대면하여 업무 보직적응력에 대한 불만을
해소한다

멘제의 적응력과 업무 능력률을 올리기 위하여 멘토는 모든 수단으로 지원하지만, 효과가 나타나지 않을 경우 멘제의 업무, 보직 상급자까지도 조정을 해 줄 필요가 있다. 그 경우에는 다른 방책을 진지하게 고려할 필요도 있다. 중요한 것은 방관하지 말고 문제를 정면에서 보고 조정해야 한다. 달리 어떤 해결 방법이 있는지 명확히 하고 선택의 폭을 넓히는 것이다.

3) 멘토의 활동수칙 개발

멘토는 인간을 기술자로 만드는 것이 아니고 기술자를 인간으로

만드는 역할이다. 스승, 코치, 상담자라고 해서 모두 멘토가 될 수 있는 것은 아니다. 그러나 훌륭한 멘토는 이러한 능력을 고루 갖춘 사람이다.

특히 조직에서 상급자가 생산성 효과를 챙기는 역할에 대비해서 멘토는 가정에서 어머니와 같이 인간성을 챙겨주는 역할이다. 멘토는

* 한 사람의 삶에 진정한 변화를 가져다준다.

* 조직 경영에서 인재 경쟁력을 가져다준다.

(1) 한 번에 한 사람의 파트너와만 만나라.

　－대량의 생산은 사람의 개발에 적용되지 않는다.

(2) 개인적인 내용은 비밀을 유지하라.

　－이것에 실패한 멘토는 사람과 신용을 모두 잃는다.

(3) 겸손한 마음으로 나는 돕는 역할을 할 뿐임을 알라.

　－자기를 주입하려 하지 말고 도우라. 그래야 상처가 없다.

(4) 멘토 자신이 계속 훈련을 받으며 자라 가라.

　－멘제는 우리의 자라는 모습을 통해 더 격려를 받는다.

(5) 말보다는 삶으로 본을 보이라.

　－멘제는 말보다 멘토의 삶을 통해 변화한다.

(6) 상대방에 대한 진지한 사랑과 관심을 가지라.

　－멘토링의 기술보다는 사람이 더 중요하다.

(7) 먼저 들어주고 자세히 관찰하라.

　－잘 들을 때 멘제의 필요를 빨리 발견할 수 있다.

(8) 시간과 약속을 잘 지키라.

　－약속을 지킬 때 서로의 신뢰가 쌓인다.

(9) 언어 사용에 주의하고 예의를 지키라.

- 언어 사용은 멘토의 인격을 나타내 줄 때가 많다.

(10) 물질과 시간을 투자하고 멘토링 활동에 최우선순위를 두라.

- 투자하는 만큼 열매를 맺는다.

(11) 멘토의 모든 활동은 모니터의 지도와 관찰을 받으라.

- 멘토 자신의 멘토가 모니터임을 기억하라.

(12) 함께 목표를 설정하라.

- 목표가 없으면 두 사람의 만남이 방향을 잃기 쉽다.

(13) 어떤 내용을 가지고 교제할지에 대해 정하라.

- 미리 알 때 기대감이 생기고 준비가 된다.

(14) 정규적인 만남을 가지라.

- 정규적인 만남이 두 사람의 목표를 이룸에 크게 작용한다.

(15) 기간을 정하고 시작하라.

- 일정한 기간이 정해질 때 지루함이 방지되며 계획 설정에 도움이 된다.

(16) 문제해결에 있어 성인이나 위인들의 말을 인용하라.

- 성인들의 말을 인용할 때 멘제의 이해의 폭을 넓힌다.

(17) 외적인 요소로만 사람을 판단하지 말라.

- 외형이나 신분에 집착하는 것은 멘토링 활동의 실패원인이다.

(18) 적극적인 자세를 가지라.

- 소극적인 멘토는 멘제의 열심을 끌어내지 못한다.

(19) 2, 3개월에 한 번씩 두 사람의 관계를 평가하라.

- 정기적인 평가는 방향 설정을 재정립해 준다.

(20) 멘토링 활동은 가능하면 동성끼리 하라.

- 서로에게 이성을 느끼는 사이라면 피하는 것이 좋다.

4) 교회 멘토는 누가 되는가?

(1) 대상
① 교역자, 직분자
② 평신도 중에서 모범 및 우수한 자
③ 청소년 중에서 모범 및 우수한 자

(2) 자격
① 세례(침례)받은 자로서 교회생활에 밝고 신앙이 돈독한 자
② 사회생활에 모범을 보이고 교회에서 존경받는 자
③ 성경지식에 밝고 1:1제자훈련에 경력이 있는 자
④ 나이가 많고 사회생활 경험과 신앙간증이 풍부한 자
⑤ 교회나 사회에서 특별한 Knowhow를 가진 자

(3) 금기사항
① 동성관계가 원칙이며 이성관계는 금한다.
② 금전관계와 출세지향의 권력 이용은 금한다.
③ 가능한 부모는 제외한다.

(4) 교회 멘토의 역할
① 멘제에게 교회를 대표한다.
② 멘제를 위하여 증인 역할을 한다.
③ 멘제와 교회생활에서 동반자 역할을 한다.
④ 멘제에게 모범을 보여준다.

⑤ 멘제를 위해 중보기도 한다.

⑥ 멘제의 의견에 귀를 기울인다.

⑦ 멘제와 이야기 나눌 때도 존중하여야 한다.

⑧ 멘제가 교회 성도들과 좋은 교제를 위하여 다리 역할을 한다.

⑨ 멘제가 결정할 일이 있을 때 자유롭게 의사표현을 유도한다.

⑩ 멘제가 교회행사나 성경공부 등에 참석을 권면한다.

5) 멘토가 됨으로써 얻는 유익

이제 멘토가 됨으로써 얻는 유익이 어떤 건지 살펴보기로 하자. 이러한 유익 중 대부분은 무형의 것이다. 그렇다고 해서 이것들의 가치가 떨어지는 것은 전혀 아니다. 스승이 됨으로써 다음과 같은 여섯 가지 유익을 얻을 수 있다. (1) 다른 사람과의 긴밀한 관계, (2) 자신이 새로워짐, (3) 자기 성취감, (4) 강화된 자부심, (5) 당신의 삶을 통한 타인에게 영향을 끼침, (6) 길이 남길 자신의 유산을 남기기

(1) 다른 사람과의 긴밀하고 인격적인 관계

"성경에서 찾을 수 있는 또래간의 스승-제자 관계의 모형으로 가장 뛰어난 것은 다윗과 요나단의 우정이다. 인간적으로 볼 때 이들의 관계가 지속될 가능성은 희박했다. 요나단은 아버지 사울의 뒤를 이어 이스라엘의 왕이 되어야 했다. 그러나 하나님께서는 다윗을 사랑하셔서 사울을 버리셨다. 따라서 요나단과 다윗은 라이벌이 되는 것이 당연하다. 하지만 이들은 떼어놓을 수 없는 친구가 되었다. 이들의 관계가 어찌나 가까웠는지 성경은 요나단의 마음이 다윗의 마음과 '연락되었다'고 말하고 있다(삼상 18:1)."

"우정의 유익을 주는 것에는 비단 또래 간의 관계만 있는 것은 아니다. 연하자와의 멘토링 관계에도 나름대로의 애정과 친밀감이 있다. 특히 이 관계가 통제가 아니라 발전을 위한 것일 때는 더욱 그러하다."

(2) 자신이 새로워짐

"똑같이 고린도전서 구절에서 바울은 그리스도인의 삶을 경주에 비유했다. 그것도 100미터 경주가 아니라 마라톤에 비유했다. 내 개인적인 경험으로 볼 때 이것은 평생 동안 계속되는 경주이다.

불행히도 우리는 달릴수록 힘이 빠지기에 끝까지 달리기가 더 힘들어진다. 우리 중 어떤 사람들은 골인 지점을 눈앞에 두고 경주를 포기해 버린다. 이것은 특히 '은퇴'가 가까운 사람들에게 강하게 다가오는 유혹이다. 은퇴는 사람들에게 황금시계와 함께 그것을 볼 수 있는 많은 자유시간을 준다. 은퇴는 사람들을 풀밭으로 밀어내어 그들이 모아둔 장난감이나 가지고 놀게 한다. 결과적으로 55세가 지난 많은 사람들이 공원벤치와 집을 할 일없이 오가고 있다. 이들은 예수 그리스도를 위해 자리를 박차고 일어나야 할 바로 그 때에 주저앉아 있다. 이것은 내가 멘토링 관계를 굳게 믿는 한 가지 이유이기도 하다. 멘토링 관계는 연하자들은 성숙하도록, 연장자들은 젊어지도록 돕는다? 왜? 그것은 우리가 서로의 성장을 돕는 과정에서 가장 많이 성장하기 때문이다."

(3) 자기성취감

"사람들을 발전(성장)시키는 일은 짐이 아니라 축복이다. 이것은 내가 알고 있는 가장 성취적인 활동 중 하나이다. 그리고 멘토링 관계는 전적으로 사람들을 발전시키는 일과 다윗은 이러한 사실을 깨달아서 다음과 같이 말했을 것이다. '하나님이여 나를 어려서부터 교훈하셨으므로 내가 지금까지 주의 기사를 전하였나이다. 하나님이여 내가 늙어 백수(白首)가 될 때에도 나를 버리지 마소서. 내가 주의 힘을 후대에 전하고 주의 능을 장래에 모든 사람에게 전하기까지 나를 버리지 마소서.'(시 71:17 – 18) 이것은 모든 스승들이 드릴 수 있는 기도이다."

(4) 강화된 자부심

"어떤 노인은 문 앞에 저승사자가 와 있다고 생각하며 살아간다. 그러던 어느 날 젊은이들 앞에서 강연할 기회가 그에게 주어진다. 갑자기 그는 힘이 되살아난다. 그는 자신이 가지고 있는 모든 자원을 다시 모아 그 누구도 기대하지 못했던 훌륭한 강연을 한다. 그는 강연을 듣는 젊은이들의 밝은 표정에서 힘을 얻는다

당신이 몇 살이든 간에 이 원리는 당신에게도 적용될 수 있다. 당신이 하는 일과 말에 누군가 관심을 기울인다는 사실을 아는 것만큼 당신의 자부심을 높여주는 것은 없다. 멘토링 관계에서 당신의 젊은 제자는 당신의 모든 말에 귀를 기울이며 당신의 모든 행동을 주목할 것이다. 때때로 이것은 당신을 두렵게 만들기도 하지만 신나게 만들기도 한다."

(5) 당신의 삶을 변화시켰다는 확신!

"다윗의 기도를 기억하는가! '하나님이여 내가 늙어 백수(白首)가 될 때라도 나를 버리지 마시며 내가 주의 힘을 후대에 전하고 주의 능을 장래에 모든 사람에게 전하기까지 나를 버리지 마소서.'(시

71:17 - 18) 다윗에게 중요한 것은 그의 왕관, 그의 나라, 그의 부, 그의 아내들 또는 통치자이자 전사이며, 건축가이자 음악가이며, 시인으로서의 그의 대단한 재능이 아니었다. 그에게 중요한 단 한 가지는 '하나님께서 나를 어떻게 생각하시느냐?'였다. 이것이 그의 목적을 결정했다.

분명히 다윗은 완벽한 사람이 아니었다. 그러나 삶의 목표를 가진 사람이었다. 그는 자신이 왜 세상에 태어났는지 알고 있었다. 성경이 다윗을 가리켜 하나님의 마음에 맞는 사람이었다고 말하고 있는 것은 조금도 이상할 것이 없다(삼상 13:14, 행 13:22)."

(6) 길이 남을 자기유산 남기기

"사람은 늙어가면서 누구에게 무엇을 남길까를 생각하기 시작한다. 이들은 유서를 작성하고 상속자를 지명한다. 누가 그의 돈을 상속받을까? 그들의 집은 어떻게 될까? 누가 그의 개인적인 소유물 - 책, 수집품, 도구, 트로피 - 을 물려받을까? 그가 사업가였다면 누가 그 사업을 이어받을까? 사람들은 변호사를 고용하고 그의 유산을 정리하는 데 수많은 시간을 보낸다.

그렇게 하는 데는 충분한 이유가 있다. 최근 코넬대학에서 이루어진 연구에 따르면, 앞으로 15년 동안 우리 세대가 남긴 것을 베이비 붐 세대가 물려받을 때 미국은 역사상 가장 큰 규모의 부가 이동하는 것을 경험하게 될 것이다. 그 규모는 수천 조가 넘을 것이다.

얼마나 엄청난 유산인가! 그러나 나는 이렇게 묻고 싶다. 이 전례 없는 유산과 비슷한 '인간자본'이 상속되지 않는다면 이 유산이 무슨 소용이 있겠는가? 당신도 알다시피, 당신은 누가 우리의 부를 상속받을 것인가를 결정할 수 있다. 그러나 우리는 또한 '누가 우리의 지혜를 상속받을 것인가?'라고도 물어야 한다."

"인간이 남길 수 있는 것 중 지혜보다 더 큰 유산은 없다. 부와 지혜에 대해 어느 정도 알았던 솔로몬은 전도서에서 지혜는 길이 남을 것으로, 그 어느 것도 이를 능가할 수 없다고 말했다.

지혜는 지속된다. 솔로몬이 젊은이들에게 '지혜가 제일이니 지혜를 얻으라. 무릇 너의 얻은 것을 가져 명철을 얻을지니라.'(9잠4:70)고 말한 것도 바로 이 때문이다. 친구여, 당신의 지혜를 물려받을 수만 있다면 자신이 가진 모든 것을 기꺼이 주려는 사람들, 즉 참으로 자신의 물질적 유산을 모두 포기하려는 사람들이 있다. 그들에게서 지혜를 빼버리면 그들은 아무런 뜻 없이 죽어가는 것과 같다. 그러므로 나는 당신에게 이렇게 촉구한다. 다른 사람의 삶을 세우라. 그렇게 함으로 당신은 영구적이며 영원하기까지 한 유산을 물려줄 것이다."

제2장

평신도 멘토개발 기술

멘토링 프로그램은 왕자 교육이라는 고품질의 인재개발에서부터 출발한다. 한 왕자를 위하여 멘토는 20여 년간 인격을 상징한 수학(知), 철학(情), 논리학(意)을 교재로 사용하여 전인적인 삶이라는 주제로 지혜롭고 현명한 왕으로 성장시켰다. 오늘날 멘토링 인재개발 목적은 차세대 인격적인 리더를 세우는 것이며, 가시적인 목표는 멘토가 멘제를 자기와 같은 멘토로 재생산(Reproducting)을 의미한다. 교회에서 평신도를 멘토로 개발하는 4단계(Step) 10가지 기술(Skill)을 아래 내용으로 소개한다.

Step 1 역할단계 Modeling

Step 2 Motivating

Step 3 Mentoring

Step 4 Reproducting

Step 1 역할단계 Modeling

사람들은 눈으로 보는 것의 영향을 먼저 받는다. 아이를 기르는 엄마라면 이 점을 느꼈을 것이다. 엄마가 아이에게 아무리 말을 해도 정작 아이가 받아들이는 것은 엄마의 말이 아니라 행동이다. 누군가에게 믿고 존경할 만한 자질이 있다고 생각되면 대부분의 사람들은 자신의 삶에 영향을 미칠 사람으로 그를 찾는다. 그리고 그를 알면 알수록 그에 대해 더 많은 신뢰감을 가지고 그의 영향을 더 많이 받는다. 단, 눈에 보이는 그의 행동이 맘에 들면 말이다.

모르는 사람을 만나면 처음에는 전혀 영향력을 발휘할 수 없다. 그러나 그가 믿는 누군가가 다리를 놓아주면 잠시 그 사람의 영향력 일부를 '빌릴' 수 있다. 그러면 그는 여러분을 제대로 알기 전까지 여러분을 믿을 만한 사람으로 가정한다. 하지만 시간이 흐를수록 여러분이 어떠한 행동을 보이는지에 따라 그 영향력을 높일 수도 잃을 수도 있다.

흥미롭게도 유명인사의 경우는 그렇지 않을 수도 있다. 많은 사람이 텔레비전이나 영화 등의 대중 매체에서만 보았을 뿐 직접 보지 못한 유명인사에게서 큰 영향을 받는다. 그러한 경우 주로 그 유명인사의 실제 삶이 아니라 대중매체를 통한 이미지에 영향을 받는데 그 이미지는 배우나 정치인, 스포츠 스타, 연예인의 실제 삶과 다를 수 있다. 그럼에도 많은 사람이 유명인사를 존경한다. 그리고 대중매체 속에서 비춰지는 그들의 행동과 태도를 그대로 믿고 그 영향을 받는다.

여러분은 역할 모델이 될 수 있지만 더 높은 수준의 영향력으로 나아가기 위해서는 각 사람과 협력해야 한다.

Skill 1 멘제를 위한 진실하기 Integriting for Menger

진실성은 사업 성공뿐 아니라 영향력이 있는 사람이 되기 위해서도 중요하다. 진실성은 존경, 위엄, 신뢰를 비롯한 여러 덕목의 기초가 된다. 진실성이라는 기초가 약하거나 근본부터 잘못되었다면 영향력이 있는 사람이 되는 일은 한낱 꿈에 지나지 않는다. 사람의 한 면을 믿을 수 없다면 어떤 면도 진정으로 믿을 수 없다. 이것이 현실이다. 심지어 진실성을 갖지 못한 자신의 모습을 얼마 동안 감출 수 있는 사람도 언젠가는 실패를 맛본다. 다시 말해 일시적으로 얻은 영향력은 결국 사라지게 마련이다.

진실성은 집의 기초와도 같다. 기초가 튼튼한 집은 비바람이 몰아쳐도 무너지지 않는다. 반면 기초에 금이 간 상태에서 폭풍우가 몰아치면 그 금이 더욱 깊어져 기초, 그리고 나중에는 집 전체가 무너지고 만다. 이것이 멘토가 진실성을 잃지 않으려는 작은 잘못부터 고쳐야 하는 이유이다. 진실성은 멘토를 받쳐주는 가장 필요한 덕목이다.

Step 2 동기 부여 Motivating

좋은 방향으로든 나쁜 방향으로든 역할 모델이 되기만 해도 강력한 영향력을 발휘할 수 있다. 또 멀리 떨어진 사람에게도 영향을 미칠 수 있다. 하지만 멘제의 삶에 진정한 영향을 미치고 싶다면 가까이 다가가야 한다. 바로 두 번째 단계인 동기 부여로 나아가는 것이다. 감정에 호소할 때 동기를 부여할 수 있다. 이 과정은 다음 두 가지 결과를 낳는다. 1)서로 간에 다리가 놓인다. 2)서로 간에 신뢰가 쌓이고 자신감이 생긴다. 멘제와 함께 있는 동안 자신과 멘제에 대해 좋은 감정을 가질 때 멘제의 영향력도 매우 커진다.

Skill 2 멘제를 위한 양육하기 Nurturing for Menger

'양육'이라 하면 머리에 가장 먼저 무엇이 떠오르는가? 아마도 대개는 아기를 달래는 엄마를 떠올릴 것이다. 엄마는 아기를 돌보고 보호하며 젖을 준다. 또 격려하고 필요를 채워준다. 시간이 남거나 편리할 때만 관심을 기울이는 것이 아니다. 아기를 진심으로 사랑하고 잘 자라기를 바란다. 마찬가지로 멘제를 돕고 영향력을 발휘하려면 사랑과 관심을 가져야 한다. 멘제에게 좋은 영향을 미치고 싶은 멘토는 그를 미워하거나 얕보아서는 안 된다. 오히려 사랑하고 존경한다는 표현을 해야 한다.

양육이란 부모와 자식 사이에만 존재하는 것이라고 생각할 수도 있다. 직원이나 동료, 친구는 각자 집에서 충분히 양육을 받았을 것이라 생각할 수 있다. 그러나 의외로 격려와 양육에 목말라하는 사람이 많다. 물론 혼자서도 잘하는 사람이 있기는 하다. 그러나 그런 사람조차도 양육해야 한다. 왜냐하면 자신감을 심어줌으로써 좋은 영향을 미치고 더 뛰어난 사람으로 만들 수 있기 때문이다. 뛰어난 양육자 멘토가 되면 멘제에게 막대한 영향을 미칠 수 있다.

멘토 여러분은 멘제의 성장과 독립이 되어야 한다. 멘제를 양육하되 여러분에게 의지하도록 만들면 도움보다 오히려 해가 된다. 자신의 이익을 추구하거나 자신의 과거 상처를 치유하려는 목적이 개입되는 것도 멘토의 삶에 적극적인 영향을 미칠 수 없다. 멘제를 통해 대리 만족을 얻으려는 시도도 마찬가지다.

Skill 3 멘제를 위한 믿어주기 Believing for Menger

멘제에 대한 신뢰는 멘제 협력할 때 영향력 있는 멘토에게 꼭 필요한 자질이다. 그러나 오늘날에는 그러한 자질을 가진 사람이 매우 드물다. 신뢰에 관한 다음 4가지 사실에 관하여 생각해 보자.

1) 대부분의 사람들은 자신을 신뢰하지 않는다

오늘날 많은 사람들이 자신을 믿지 못한다. 그리고 실패할까 두려워한다. 심지어 터널 끝에 빛이 보여도 그것을 자신에게 달려오는 기차로 생각하고 절망하고 만다. 항상 부정적인 측면만 보는 것이다. 하지만 사실은 어려움 때문에 실패하는 것이 아니다. 오히려 자신을 신뢰하지 못해 실패하는 경우가 낳다. 조금만 자신감을 가져도 놀라운 일을 해낼 수 있지만 그렇지 않으면 정말 곤란한 상황에 빠지고 만다.

2) 대부분의 사람들은 신뢰받지 못한다

오늘날 우리 사회에서는 많은 사람들이 소외감을 느끼고 있다. 미국의 수감자의 90%가 어렸을 적 부모로부터 "너는 감옥에 가게 될 거야."라는 말을 들었다. 이처럼 아이에게 자신감을 가지라고 가르치는 대신 희망을 빼앗아버리는 부모가 있다. 심지어 가장 가까운 사람에게서조차 신뢰를 받지 못하는 사람도 많다. 자신의 편이 아무도 없는 것이다. 그러나 하찮은 말 한마디가 천 냥 빚을 갚는다는 격언을 기억해야 한다.

3) 대부분의 사람들은 상대방이 자신을 믿는지 안 믿는지 금세 알아챈다

사람들은 상대방이 자신을 믿는지 안 믿는지 금세 알아챈다. 그리고 그 믿음이 진실인지 거짓인지도 알아챈다. 진실한 신뢰야말로 남의 삶을 변화시킬 수 있다. 영향력 있는 사람이 되려면 남이 자신을 높이 평가하게 만들라. 그러려면 먼저 남을 신뢰하라. 그러면 그는 신뢰를 받은 만큼 자신감을 행동으로 보일 것이다.

4) 대부분의 사람들은 자신에 대한 신뢰에 보답하기 위해 무슨 일이라도 한다

사람들은 자신에 대한 기대 수준에 맞게 행동한다. 곧 의심과 불신에 대해서는 평범한 행동으로 반응한다. 그러나 신뢰와 높은 기대에 대해서는 최선을 다해 보답한다. 그리고 그 과정에서 서로가 유익을 얻는다.

지금까지 멘제를 믿어주지 않았다면 당장 사고방식을 바꾸고 멘제를 믿기 시작하라. 그러면 자신의 삶이 훨씬 풍요로워질 것이다. 멘제를 믿어주면 놀라운 선물을 주는 것이나 다름없다. 돈을 주면

금세 써버린다. 물건을 주면 제대로 사용하지 못할 수 있다. 그렇다고 도움을 줘봤자 그때뿐이기 일쑤다. 하지만 자신감을 심어주면 열정과 독립심이 생긴다. 그러고 나서 돈과 물건, 도움을 주어야 그것을 잘 활용해 멘제의 더 나은 미래를 만들 수 있다.

Skill 4 멘제를 위해 들어주기 Listening for Menger

뛰어난 리더들이 영향력을 발휘하고 성공하기 위해 꼭 필요한 요소로 꼽는 기술이 있다. 과연 무엇인지 알겠는가? 바로 듣는 기술 경청이다. 그런데 듣는 기술의 중요성을 알고 있는 사람은 그리 많지 않다. 그러나 경청하는 태도는 영향력 있는 멘토가 되기 위해 꼭 필요한 요소다. 다음의 내용에 귀 기울여보자.

남의 말에 진심으로 귀 기울이지 않고 자기 차례가 돌아올 때까지 기다리지 못하는 사람이 많다. 이와 달리 영향력이 있는 사람은 남의 말에 귀를 기울여야 하는 이유를 잘 알고 있다.

1) 존중심을 보일 수 있다

사람들이 대화할 때 자주 범하는 실수는 남의 관심을 끌기 위해 필요 이상으로 노력한다는 것이다. 똑똑하고 재치가 넘치며 유머가 넘치는 사람으로 보이고 싶어 하는 것이다. 그러나 생산적인 대화를 나누려면 남의 말에 관심을 기울일 수 있어야 한다. 관심을 끌려 하지 말고 관심을 기울여라. 크게 생각하는 사람은 듣기를 독점하고 작게 생각하는 사람은 말하기를 독점한다. 그러므로 멘제의 말을 잘 경청하는 멘토는 그와 더 깊고 강한 관계를 맺을 수 있는 것이다.

2) 관계가 형성된다

멘제의 말을 잘 경청하는 멘토는 그와 더 깊고 강한 관계를 맺을 수 있다. 그런 사람과는 대화할 맛이 나기 때문이다.

3) 지식을 넓힌다

사실 지위가 높아질수록 올바른 정보를 얻기 위해 남에게 더욱 의존해야 한다. 일찍부터 뛰어난 경청기술을 개발하고 계속해서 사용해야 한다. 그래야 성공에 필요한 정보를 얻을 수 있다.

4) 아이디어가 나온다

남의 말에 귀를 기울이면 아이디어가 없어 고민하는 일은 절대 없다. 또 멘제들은 자기 말에 경청하는 멘토에게 모든 헌신을 아끼지 않는다. 이처럼 사람들에게 자신의 생각을 말할 기회를 주고 열린 마음으로 경청하면 새로운 아이디어가 끊임없이 나온다.

5) 충성심을 얻을 수 있다

남의 말을 잘 들어주면 사람이 모여든다. 또 사람들의 말을 존중하고 경청하는 사람은 그들의 강한 충성심을 얻을 수 있다.

6) 자신과 남에게 큰 도움이 된다

언뜻 보면 남의 말을 경청하면 남에게만 유익하다는 말처럼 들

린다. 그러나 전혀 그렇지 않다. 남의 말을 경청하면 분명 멘토 자신에게도 유익하다. 그러므로 좋은 관계를 맺고 필요한 정보를 찾아라. 그리고 자신과 남에 대해 더 많이 알려고 애써라.

Skill 5 멘제를 이해하기 Understanding for Menger

사람을 이해하고 협력할 수 없을 때 어떤 성공도 거둘 수 없다. 더 나아가 영향력 있는 멘토가 될 수도 없다.

멘제를 이해하면 그만큼 좋은 대화를 나눌 수 있다. 멘제를 설득할 때 가장 큰 실수는 자신의 생각과 감정을 무리하게 표현하려고만 애쓰는 것이다. 멘제가 정말 원하는 것은 그의 인격을 존중하고 현재 상황을 이해하며 자신의 말을 귀담아 들어주는 것이다. 멘토가 멘제를 이해해 주는 순간 그도 멘토의 관점을 이해하려고 노력하게 된다. 멘제의 생각과 감정, 동기, 주어진 상황에서 행동과 반응을 이해할 수 있을 때 비로소 그에게 좋은 영향을 미칠 수 있는 법이다.

Step 3 1:1멘토링 단계 Mentoring

상대방에게 동기를 부여하는 단계에 이르면 그 삶에 좋은 영향력을 줄 수 있다. 그러나 더 강력하고 오래가는 영향력을 원한다면 다음 단계인 멘토링으로 나아가야 한다.

멘토링이란 멘토가 상대방 멘제의 적성(Aptitude)을 찾아 역량(Competency)을 발휘할 수 있도록 자신의 삶을 쏟아 돕는 것이다.

이 멘토링의 힘은 매우 강력해서 눈앞에서 멘제의 삶이 변하는 것을 볼 수 있다.

멘토는 정열을 쏟아 멘제의 삶의 장애물을 극복하도록 돕고 인간성(Humanity)과 생산성(Productivity) 현장에서 성장하고 발전할 수 있는 방법을 제시하면 결국 삶을 바꾸어 놓을 수 있다.

Skill 6 멘제를 성장시키기 Enlarging for Menger

삶의 가치는 얼마나 오래 사느냐에 있지 않고 어떻게 사느냐에 달려 있다. 오래 살지만 가치 있는 삶을 조금밖에 살지 못하는 사람도 있다. 멘토링으로 성장시킨다는 말은 멘토를 통해 멘제가 주어진 시간을 최대한 잘 활용하고 삶의 질을 높이도록 돕는 것을 의미한다.

제품을 만드는 일과 교회를 세우는 일은 서로 다르다. 왜냐하면 교회는 곧 사람이고 교회에서 나오는 어떤 것도 사람보다 귀하지 않기 때문이다. 사실 우리는 자동차와 비행기, 냉장고, 라디오, 구두끈 등을 만드는 것은 아니다. 우리는 사람을 만든다. 그러면 그 사람이 제품을 만드는 것이다. 곧 멘토링은 사람, 즉 멘제를 성장시키고자 하는 구체적인 투자기법이다.

1) 멘제의 삶의 수준을 높여라

멘제의 재능을 개발하고 새로운 기술을 습득하며 문제해결 능력을 높여주면 삶의 질과 만족감의 수준이 크게 높아진다. 멘제가 성장하면 반드시 삶의 방식이 바뀌는 법이다. 멘제를 성장시키는 일은 곧 기회를 잡는 것이다. 멘제의 잠재력 개발을 도울 수 있는 기회를 말이다.

2) 멘제의 성공 가능성을 높여라

어떤 직업에도 미래는 없다. 미래는 바로 그 직업을 가지고 있는 멘제에게 있다. 그러므로 성장하는 멘제의 미래는 밝다. 더 넓은 시야, 더 나은 태도, 더 뛰어난 기술, 새로운 사고방식 등을 통한 성장은 더 좋은 성과와 더 나은 삶으로 이어진다. 그리고 궁극적으로 멘제의 성공 가능성이 높아진다.

3) 멘제의 성장 능력을 높여라

멘제의 성장을 돕는다는 말은 일시적으로 도움이 되는 무기나 도구를 제공한다는 말은 아니다. 장기적인 유익을 끼치는 것이다. 좋은 장비를 제공할 뿐 아니라 배우고 성장할 수 있는 능력을 높여주는 것이다. 일단 성장한 멘제는 어떤 자원이나 기회가 생기든 그것을 최대한 활용할 수 있게 된다. 그리고 더 나아가 그러한 성장이 증식하기 시작한다.

4) 조직의 가능성을 높여라

성장시키고자 하는 멘제가 교회나 학교, 교회, 스포츠 팀, 클럽 등 그룹의 구성원이라면 그룹 전체가 그 구성원인 멘제의 성장으로부터 유익을 얻을 수 있다. 예를 들어 조직구성원들 대부분이 약간만 성장해도 전체 조직의 수준이 높아진다. 구성원 몇 명이 크게 성장하면 그들의 향상된 리더십의 영향으로 조직의 성장 및 성공 가능성이 높아진다. 이 두 종류의 성장이 동시에 이루어지면 그 조직은 곧 커다란 성공을 거두게 된다.

Skill 7 멘제와 항해하기 Navigating for Menger

멘제의 성장과 잠재력 발휘를 도우면 전혀 새로운 수준의 삶으로 안내할 수 있다. 하지만 아무리 많이 배우고 성장해도 여전히 장애물이 있다. 실수도 하고 개인적, 직업적 삶에서 문제에 봉착하게 된다. 누군가의 도움 없이는 헤쳐 나갈 수 없는 상황에 빠질 수 있다.

지치고 짜증나는 사람들로 가득 찬 비행기 여행에서 많은 사람들을 배려하고 불쾌한 상황을 반전시키는 데 주도적인 역할을 하는 사람은 기장을 비롯한 승무원들의 노력 덕분이다.

우리는 이러한 노력을 '항해'(Navigating)라고 부른다. 대부분의 사람들은 삶의 고난을 헤쳐 나가기 위해 도움을 필요로 한다. 이러한 상황에 과정 과정에서 좋은 태도를 가진 한 사람 멘토 덕분에 우리는 불편함을 잊을 수 있다. 특히 인생의 복잡한 문제가 닥쳐와 어찌할 바를 모를 때 멘토의 도움이 필수적이다.

멘토링은 남이 삶의 목표를 설정하고 혼자 힘으로 나아갈 수 있을 때까지 계속해서 돕는 리더십이 필요하다. 그런 의미에서 사람은 임시방편으로 건널 수 있는 틈이 아니라 목적지까지 항해해야 하는 바다와 같다. 여러분은 남이 항로를 찾고 빙산을 발견하면서

험난한 바다를 헤쳐 나갈 수 있도록 도와야 한다. 최소한 멘제가
올바른 코스를 찾고 스스로 항해할 수 있을 때까지 멘토와 함께 여
행을 해야 한다.

Skill 8 멘제와 관계 맺기 Connecting for Menger

멘토링에서 관계 형성은 절대 빠져서는 안 되는 핵심요소이다.
즉 멘제에게 좋은 영향을 미치려는 노력이 멘토에게 반드시 필요
하다. 남을 위한 항해란 잠시 함께 여행을 해 주면서 삶의 장애물
을 극복할 수 있도록 돕는 것이다. 하지만 관계 형성이란 상호유익
을 위해 멘제를 자신의 여행에 끌어들이는 것이다.

멘제를 여러분의 여행으로 끌어들이기 전에도 이와 비슷한 일이
벌어진다. 즉 목적지를 확인하고 멘제에게 다가가서 관계를 맺는
것이다. 이 일을 성공적으로 마무리하면 서로의 관계가 더욱 깊어
진다. 아울러 멘제를 한 단계 더 발전시킬 수 있다. 기억하라. 한
단계 발전하는 길은 항상 오르막길이므로 멘제에게는 멘토의 도움
이 꼭 필요하다.

Skill 9 멘제에게 능력(권한)부여 Empowering for Menger

멘토가 멘제에게 능력을 부여하면 상호 간 향상된 능력으로 일
할 수 있게 된다. 하지만 능력을 부여한 사람에게만 유익이 있는
것은 아니다. 능력을 부여받은 사람도 개인 및 직업상 발전에서 최
고의 수준에 이를 수 있다. 간단히 말해 능력부여란 개인 및 조직
의 성장을 위해 자신의 영향력을 나누어주는 것이다. 남의 삶에 투

자해 최상의 노력을 이끌어 내려는 목적으로 자신의 영향력과 지위, 권력, 기회 등을 나누어주는 것이다. 또 남의 잠재력을 보고 자신의 자원을 나누어주며 전적으로 믿어주는 것이다.

능력부여는 삶을 변화시키고 멘토인 자신과 멘제 모두에게 유익을 끼친다. 능력을 부여하는 일은 자동차와 같은 물건을 멘제에게 주는 일과 다르다. 차를 주면 내가 걷거나 대중교통을 이용하는 불편을 겪어야 한다. 그러나 능력을 주는 일은 정보를 나누는 일과 비슷하다. 즉 전혀 손해를 보지 않고도 멘제의 능력을 높여줄 수 있는 것이다.

Step 4 재생산 단계 Reproducting

상대방 멘제의 삶에 미칠 수 있는 가장 높은 단계의 영향력은 재생산이다. 재생산이란 멘토가 또 다른 사람 멘제의 삶에 좋은 영향을 미치고, 배운 것에 스스로 터득한 것을 보태 전달할 수 있도록 돕는 것이다. 이 4단계에 이르는 멘토들은 인내가 필요하지만 누구나 가능성이 있다. 이기심에서 이타심으로 관용을 가져야 하며 시간과 노력이 필요하다.

또 사람에 대한 영향력을 높이려면 개인적인 관심과 애정을 가져야 한다. 여러 사람에게 모범을 보이는 단계를 넘어 더 높은 단계의 영향력으로 나아가기 위해서는 각 멘제들과 일일이 협력해야 하는 것이다.

Skill 10 멘제를 재생산하기 Reproducting for Menger

멘토링이란 멘토와 멘제가 일정 기간 동안 달리는 항해라고 볼수 있다. 이 과정의 마지막 단계에서 멘토는 멘제와 함께 달리는 법을 배운 셈이다. 멘토는 진실성의 모범을 보이는 일이 얼마나 중요한지 알고 있다. 그리고 양육, 남에 대한 신뢰, 귀를 기울이고 이해하는 자세를 통해 동기를 부여할 수 있게 되었다.

또 멘토링을 통해서만 멘제가 진정으로 성장할 수 있다는 점을 알고 있다. 즉 성장시키고 함께 인생의 어려움을 극복하면서 항해하고 관계를 맺고 능력을 부여해야 한다. 이제 멘토는 뛰어난 주자가 되었다. 아울러 멘제를 멘토링했으면 또 한 명의 뛰어난 주자가 탄생한 것이다. 이제 배턴을 넘길 때이다.

하지만 멘토인 당신도 또 다른 주자에게 배턴을 넘기지 않으면 경기는 끝나고 만다. 즉 재생산의 기회를 놓치고 만다는 것이다. 배턴을 받지 못한 그 주자는 뛸 이유를 상실하고 그와 함께 운동력도 사라진다. 그것이 영향력 있는 사람이 되기 위해서 재생산 단계가 매우 중요한 이유이다.

멘토링에서 인재 재생산의 의미는 멘제를 멘토로 세우는 일이다. 아래 도표 William Gray 교수(加 브리티시대)를 통해 멘토와 멘제의 관계 발전에서 멘토링 활동의 순환적인 재생산을 이해할 수 있다(* M - 멘토 P - 멘제 멘제).

M		Mp		MP		mP		P(=M)
정보제공형		안내형		상호협력형		확인형		재생산달성 멘토링
양육해 주는 단계				능력을 부여하는 단계				인재재생산 단계

오늘날의 멘제는 성공을 거두기 위하여 멘토로부터 양육을 받고 (Nurturing), 능력을 부여받는 것(Empowerring) 두 가지가 필요하다. 멘토들은 유연성 있는 방식인 '4가지 멘토링 유형'을 사용하는 것을 배움으로써 두 종류의 도움을 줄 수 있다.

인류역사를 통한 전통적인 멘토링 패러다임은 '멘제에게 지혜를 전수해 주고, 조언을 하고, 안내자였던 사람'으로 멘토를 정의한다. 이러한 사전적 정의는 '멘토가 주인'이라는 사고에서 비롯되었으며, 어떤 분야에 있어서 대부분의 사람들에 대한 지식의 원천일 때만 성립된다. 멘토의 역할은, 멘토가 알고 있는 지식으로 멘제를 세우는 것이었다. 그래서 멘제도 그 지식을 잘 알게 되는 것이다. 이러한 것은 종종 멘토의 복제품인 멘제를 만드는 결과가 되기도 하였다.

오늘날 제도적 멘토링(Systematic Mentoring)에서의 멘제는 과거의 멘제보다 훨씬 교육도 잘 받고, 좀 더 다양한 삶을 살아왔으며, 직업적 경험도 많다. 그럼에도 불구하고, 그들은 여전히 멘토의 경험으로부터 얻은 실무적 노하우와 지혜로 세움 받기를 필요로 한다. 왜냐하면 이러한 것들은 혼자서나 연수과정을 통해선 적절하게 학습될 수 없기 때문이다.

오늘날의 멘제는 또한 그들의 꿈과 열정을 추구할 다양성, 창의성, 아이디어 및 독창력을 발휘할 능력을 받을 필요가 있다. 이것은 조직(교회 등)이 멘토링 프로그램을 후원하여 멘제들이 혁신적으로 조직에 공헌하도록 함으로써 가능하다. 이와 같은 멘토링 인재개발 기법으로 조직은 급변하는 경쟁세계 속에서 정체되거나 진부화되지 않고 인재 재생산을 통하여 인재경쟁력 확보를 할 수 있다.

제3장

멘토 개발 교육 프로그램

멘토 양성 과정은 멘토 등 활동참여자를 대상으로 멘토링에 관한 올바른 이해, 인재개발 리더십, 활동 촉진 기술, 멘토링 운영전략, 그리고 현장 사례 등을 학습하는 과정이다.

특별히 교육수강 후에는 멘토링 방식으로 후배 및 부하직원을 체계적으로 지도육성과 구성원 간 관계 촉진 그리고 인성중심의 조직 문화형성에 기여할 수 있다.

1. 멘토 양성 교육과정 Outline
2. 멘토 양성 교육과정 Contents
3. 멘토 양성 교육과정 Curriculum
   1) Off Line 현장교육 20시간
   2) On Line 사이버교육 10시간
   3) Trio 교육 – 12개월 프로그램

4. 멘토 양성 교육과정 Agenda

5. 멘토 양성 교육과정 Budget

1. 멘토 양성 교육과정 Outline

교육과정: 멘토 양성 교육과정

교육내용: 멘토링의 개념 리더십 기술 사례연구학습

교육목표:

목표 1 멘토링을 통하여 부하직원 및 인재개발 자녀개발 방법
　　　　학습

목표 2 조직 구성원 상호 간 관계 활성화 방법 학습

목표 3 인간성 바탕 위에 생산성 효과를 얻는 방법 학습

목표 4 조직에 인성문화 구축과 공동체의식 함양 방법 학습

교육대상: 멘토 / 멘제 / 모니터 / 코디네이터

교육일정: 예정 일시 3일간 20시간

설계전략:

Step 1 인식 – 멘토링 기본 이해와 목적 및 기대효과 Talking Time

Step 2 강화 – 멘토 인재개발 리더십과 관계촉진 Skill UP

Step 3 실험 – 멘토 실행사례를 통한 성과 도출 방법 Role – Play

상호이해: 멘토 / 멘제

교육목적: 관계리더십 인재개발

2. 멘토 양성 교육과정 Contents

1) 교육목적: 멘토링 방식을 통하여 멘토 / 멘제 간 선후배 간 인재개발과 구성원 상호 간 관계 활성화, 그리고 인성 조직문화 구축을 목적으로 함
2) 교육참가: 멘토 / 멘제 / 모니터 / 코디네이터
3) 교육일시: 1일 8시간~2일 16시간~3일 20시간
4) 교육방법: Off Line
5) 교육내용

Module 10	1일 과정 특강과정	2일 과정 특강과정	3일 과정 기본과정
1. Story(기본원리)	0.5	1	2
2. Skill(멘토기술)	3.0	6	8
3. Leadership(리더십)	1.0	2	2
4. Game(인재개발게임)	2.0	4	4
5. Tool(조직개발도구)		1	1
6. Strategy(운영전략)			
7. Humanity(인간성경영)			
8. Productivity(생산성경영)			
9. Manual(운영매뉴얼)	1.0	1	1
10. Case Study(사례연구)	0.5	1	2
합　계	8.0	16	20

3. 멘토 양성 교육과정 Curriculum

1) Off Line 현장교육 20시간

(1) 교육시간: Off Line 20시간

(2) 교육참가: 기업 대학 학교 교회 공공기관 멘토 대상자

(3) 자세안내: 강의 신청자에게 5~10p 자세 안내문 발송

Hour	1일 차	2일 차	3일 차
1	Mo1 – Story 멘토링 원리이해	Mo3 – Skill(중급) 멘토 활동 기술	Mo6 – Skill(고급) 멘토링 시스템 운영
2	1강 현대적 의미	7강 활동 – 6 Step	16강 자기개발 리더십
3	2강 유래와 발달 3강 역할과 수칙	8강 활동 유형 모델 9강 미팅 실행 단계	17강 인간개발 리더십 18강 조직개발 행정양식
Lunch Time			
4	Mo4 – Game – Lynchpin Game 성격개발 게임	Mo4 – Game – Star Game 인격개발게임	Case Study 국내외 성공사례 연구
5	– E Q Game 감성개발	– Brain Game 창의력개발임	See You Again
6	Mo2 – Skill(기본) 멘토 촉진기술	Mo5 – Strategy 멘토링 운영전략	
7	4강 소통 촉진 Skill 5강 경청 촉진 Skill	13강 실전 성공전략 14강 생산 효과전략	
8	6강 문제 해결 Skill	15강 평가 실무전략	

*** 시간별 진행방법**

1) 수강자 예습   2) 강사 Teaching
3) 애니 Talking   4) 동영상 5~10m
5) Self Show   6) Talking Time
7) Role Play   8) Scenario

2) On Line 사이버교육 10시간

이 사이버 교육 과정은 멘토 그룹 등 대량인원이 동시에 시간적, 지역적, 관리적 제한을 벗어나 자유롭게 학습할 수가 있어 최적의 프로그램으로 인정받고 있다.

* 사이버 교육과정 특징

(1) 대량인원이 동시에 수강이 가능하므로 저비용 고효율의 효과다.
(2) 시간과 공간의 제한을 벗어나 자율학습(Self Study)이 가능하다.
(3) 멘토링 전문가 / 멘토 / 멘제의 3인 대역으로 대화식(Talking) 강의다.
(4) 전국 어디서나 교육 프로그램의 표준화로 강의 품질이 보증된다.
(5) 논리적, 감동적, 현장 사례중심으로 수강자의 학습 몰입이 가능하다.

[사이버교육 내용]

횟수	Hour	Module	Contents
1	2H	멘토링 원리이해	1강 현대적 의미 2강 유래와 발달 3강 역할과 수칙
2	2H	2. Skill(초급) 멘토 기본기술	4강 소통 촉진 Skill 5강 경청 촉진 Skill 6강 문제 해결 Skill
3	2H	3. Skill(중급) 멘토 활동기술	7강 활동 - 6 Step 8강 활동 유형 모델 9강 미팅 실행 단계
4	2H	4. Game 멘토링 개발게임	10강 성격 개발 게임 11강 감성 개발 게임 12강 인격 개발 게임
5	2H	5. Strategy 멘토링 운영전략	13강 실전 성공전략 14강 생산 효과전략 15강 평가 실무전략
합 계	10H		

3) ON Line Off Line 통합 Trio 교육 - 12개월 프로그램

멘토 12개월 Trio 교육은 멘토를 체계적으로 양성하기 위하여 출발 Workshop인 1회성 교육을 지양하고 계속해서 On Line/ Off Line으로 12개월 동안 통합교육을 실시하는 것을 말한다.

[교육내용]

교육과정	Contents		시간	비고
Off Line 마스터 교육 (2H)	1. 멘토링 기본이해		0.5	현장 상견례교육 4시간
	2. 멘토링 개발게임		2.5	
On Line 사이버 교육 (20H)	1. 멘토링 이해	Story	2	온라인 애니메이션 교육 10시간
	2. 멘토 활동촉진 단계	Skill − 1	2	
	3. 멘토 활동촉진 기술	Skill − 2	2	
	4. 인재개발 게임	Game	2	
	5. 운영성공 전략	Strategy	2	
Self Line 동영상교육 (12개월)	1. 현장사례 − 15File		12개월	매월 동영상 전송 서비스 자율명상 학습
	2. 활동지침 − 15File			
	3. 명상시간 − 15File			
	4. 명사 명언 − 15File			
	5. 예화사례 − 15File			
교육 및 A / S 방법				
Off Line	강사 강의식 + 동영상			
ON Line	애니메이션 3명 대역 대화식			
Self Line	12개월 A/S 동영상 명상/사례 교재 제공으로 자택 자율명상학습			

4. 멘토링 전문교육 과정 Agenda

[M01] Story 원리 기본이해

* 멘토링은 인간의 특성을 연구하고 그 역량을 개발하여 차세대 리더로 세우는 일이다. 구체적으로 멘토링 프로그램은 왕자를 현명한 왕으로 업그레이드시키는 고품질의 인재개발에서부터 출발한다. 여기에서는 현대에서 멘토링의 의미, 멘토링 유래와 원리, 멘토의 역할에 대하여 3가지 테마를 다루었다.

NO 1강 멘토링 현대적 의미

NO 2강 멘토링 유래와 발달

NO 3강 멘토 / 멘제 역할과 수칙

[M02] Skill 초급 기술

* 멘토링 활동에서 성공요인은 조직에서 철저한 관리가 아니라 멘토의 자생력이다. 일정 기간 동안 상대방 멘제에게 멘토가 스스로 익힌 기술로 얼마나 영향력을 발휘할 수 있는가가 제일 중요하다. 여기에서 멘토링 활동을 촉진하기 위한 관계개발 기술로 소통 기술, 경청기술, 문제해결 기술 등 3가지를 소개했다.

NO 4강 멘토링 소통 촉진 Skill

NO 5강 멘토링 경청 촉진 Skill

NO 6강 멘토링 문제 해결 Skill

[M03] SKILL 중급 기술

* 멘토링 활동은 교육이라기보다는 멘토와 멘제가 현장에서 활동하는 프로그램이다. 먼저 멘토 중심으로 6가지 단계 활동과 실행 차원에서 두 가지 활동으로 개인활동, 그룹 활동을 소개했다. 가장 멘토 / 멘제가 어렵게 여기는 미팅 시나리오를 제공하여 미팅 당일 체계적으로 활동할 수 있도록 안내했다.

NO 7강 멘토링 활동 - 6 Step

NO 8강 멘토링 활동 유형 모델

NO 9강 멘토링 미팅 실행 단계

[M04] Game 인격개발 게임

한국인 정서에 맞게 개발된 멘토링 게임은 먼저 멘토링에 참여하는 멘토/멘제의 개인개발에 초점을 두고 자신의 가치가 업그레이드되는 과정을 체험함으로 멘토링 활동에 몰입도를 극대화하여 자생력으로 멘토링을 진행하고자 하는 프로그램이다. Workshop 형태로 진행되는 성격개발게임, 인격개발게임, 감성개방게임을 통하여 멘토/멘제의 인간 성장을 학습 목표로 한다.

NO 10강 멘토링 성격 개발 게임

NO 11강 멘토링 감성 개발 게임

NO 12강 멘토링 인격 개발 게임

[M05] Strategy 운영전략

조직 멘토링에 관한 시스템 구축과 운영 방법을 다루면서 특히 조직에 적용되는 제도적 멘토링의 목적을 투자(인력투자, 자금투자, 시간투자 등)의 관점에서 인간성 바탕 위에 업무생산성 효과를 확보하는 데 두었다. 여기에서는 실전성공진략, 생산성 확보전략, 그리고 종합 평가로 정량평가 및 정성 평가 방법을 다루었다.

NO 13강 멘토링 실전 성공전략

NO 14강 멘토링 생산 효과전략

NO 15강 멘토링 평가 실무전략

[M06] Skill 고급기술

　멘토링 멘토와 멘제가 Cell(세포번식)과 같은 기능으로 조직에서
통제나 관리를 최소화하면서 체계적인 교육을 통하여 멘토의 자생
력, 자부심, 책임의식 등과 같이 자율성을 최대한 보장해 주는 것
이 최선의 방법이다.
　16강 자기개발 리더십
　17강 인간개발 리더십
　18강 조직개발 행정양식

Part 5

교회개발 멘토링 도입방법

지역교회가 꼭 해야 할 일은 차세대를 준비하는 일이다. 우리의 후손들이 믿음의 터 위에 든든히 서도록 잘 교육하여 다음 세대에 은사대로 꽃을 활짝 피게 해야 할 책임이 기성세대에게 있다. 기성세대가 다른 것은 몰라도 이것만은 꼭 뒷받침해야 할 사명이 있다. 사울왕시대와 같이 썩고 냄새나고 무력하기 짝이 없는 고목 같은 상황에서도 잘 키우기만 하면 다윗의 시대가 온다는 것을 깨달아야 한다. 다윗시대를 예비하는 오늘 이 시대의 도구(tool)가 바로 멘토링이다. 하나님은 처음과 나중이다. 영원토록 자존하시는 분이다. 그러므로 어느 한 세대에서만 영광을 받으셨다고 만족하시는 분이 아니라, 세대를 이어가면서 두고두고 영광을 받으시는 분이시기에 다음 세대에 부모의 은혜를 상승시키기 위해서라도 가장 필요한 것이 멘토링이 아닌가 한다.

Episode ◀ 학생만족 Mentoring Tutorial System

세계적인 명문 옥스퍼드대학(英)의 차별화 교육은 1:1멘토링 프로그램을 활용한 튜터 제도(Tutor System)이다.

튜터 제도를 간단하게 설명하면 담당교수를 멘토로 하고, 학생을 멘제로 하여 1:1로 대면하는 학습 방법이다. 일주일에 한 번씩 특정 요일에 교수와 학생이 1:1로 4시간씩 주제 리포트 작성제출, 학습토론, 질의응답 등으로 진행되는 수업은 자연히 교수와 학생 간에 내외적(內外的)인 접촉이 이뤄지게 됨으로 학생 입장에서는 준비 기간인 일주일 내내 한국의 고3 학생과 같은 학습준비에 몰입하게 된다. 담당 교수입장에서는 일주일에 한 번씩 4시간 동안 독

대하므로 학생의 '니즈(Needs)와 핵심가치'를 정확히 파악하게 되어 학생의 실정에 맞는 교육을 진행할 수 있는 것이다. 그러므로 학생은 대학 4년 동안 시간을 허비하지 않고 담당교수로부터 1:1고품질의 교육서비스를 받게 되므로 그렇지 못한 타 대학 학생들과의 경쟁력을 월등히 확보할 수 있게 된다. 그러한 튜터제도는 국내뿐만 아니라 전 세계적으로 옥스퍼드대학의 경쟁력을 높이는 데 큰 몫을 담당하고 있으며 우수한 학생들을 선발하는 데도 결정적인 요인으로 작용하고 있다.

제1장 교회 개발 멘토링 모범
제2장 교회 개발 멘토링 도입 분야
제3장 교회 개발 멘토링 도입 실무

제1장

교회 개발 멘토링 모범

일반적으로 목회를 하면서 보편적으로 범하기 쉬운 오류는 기존 교인 관리보다는 새 신자 전도에만 열중하여 양적 성장을 이루어 눈에 보이는 성과를 높이려는 데에 있다. 새 신자를 전도하기 위하여 교회는 적극적인 전도활동을 수행하지만, 그것이 그리 쉽지 않다는 사실을 곧 인식하게 된다. 왜냐하면 새 신자를 전도하기 위해서는 상당한 예산과 노력이 들 뿐 아니라 최악의 경우에는 총동원 이벤트를 한 후에도 별로 정착하지 못하는 경우가 허다하기 때문이다.

반면 기존의 교인(평신도)을 관리 유지하는 것은 상대적으로 비용이 적게 들 뿐만 아니라 기존의 교인들에게 좋은 인상을 심어 주므로 새 신자를 자연스럽게 전도할 수 있는 장점도 있다. 결국 새 신자를 힘들여 전도하는 것도 중요하겠지만 그 이전에 허술하게 짜인 기존교인 관리 프로그램을 보강하는 것이 우선되어야 한다는 것이다. 이렇게 기존 교인 관계를 유지, 강화하는 기법으로 북미 선진 교회에서 활용되고 있는 1:1멘토링을 소개한다.

1. 왜 교인이 떠나는가?

2. 문제는 무엇인가?

3. 어떻게 그 문제를 해결할 수 있는가?

멘토링 활동에서는 이러한 점들이 1:1관계에서 도출되므로 교회 목회 전략으로 충분한 대응이 가능하다.

1. 예수님의 멘토링 관계 모범

1) 예수님의 멘토링 의미

멘토링의 핵심인 섬기는 리더십의 원형은 예수님이다. 하나님이면서 하늘영광을 뒤로 하고 인간세상에 오셔서 "섬김을 받으러 온 것이 아니요, 섬기러 왔노라."고 말씀하셨다. 결국은 자기의 죄가 아닌 인간의 죗값으로 십자가에 돌아가셨고 그로 인하여 자신의 생명을 내줌으로 인간을 최상으로 섬긴 것이다.

섬기는 리더십의 실행 프로그램은 멘토링이다. 특히 예수님은 제자나 그를 따르는 사람들에게 일대일 멘토링 방식대로 접근하여 삶의 변화를 일으켰다.

2) 예수님의 3단계 멘토링

단계 1) 우정(Fellowship) 관계

- 성품이 온유하시고 섬기는 리더십의 본을 보여주신 예수님은 제자들과의 첫 대면을 우정관계로 시작한다. 사람에게 절실히 필요한 오병이어(물고기 다섯 마리와 보리떡 두 개) 사건과 병 고치는 기적이 좋은 사례가 된다.

단계 2) 인격(Personhood) 관계

- 예수님을 어느 기간 동안 겪은 제자들은 그 인격에 매료되어 한 발짝 깊이 들어가게 된다. 친히 제자들의 발을 씻기신 예수님의 섬기는 리더십에 깜짝 놀라게 된다. 그 인격에 감동받은 단계로 예수님은 제자들을 신뢰하고 제자들은 예수님을 존경하는 단계다.

단계 3) 사명(Mission) 관계

- 마지막 단계로 예수님의 최종적인 사명을 알게 되는 단계다. 이 단계에서 제자들의 비장한 각오와 인성과 신성을 겸비한 예수님 앞에서 인간의 한계를 처절하게 느끼는 단계다. 예수님 자신의 최후 사명은 바로 인간에게 최고로 섬기는 자세로 생명을 걸고 사명을 완수한다는 것이다. 이 단계에서 닭 울기 전에 예수님을 세 번 부인하는 베드로, 엠마오로 귀향해 버리는 도마 등 제자들의 한계를 여실히 보여주는 사례다. 스토리가 여기에서 끝났다면 예수님은 사명 완수에 실패자로 볼 수 있다.

그 역전 드라마는 부활 후 제자들에게 40일간 나타나시고 본 그대로 승천하신 예수님을 보고 제자들이 확신을 갖는다. 그리고 나머지 소수지만 12제자의 삶은 사명에 생명을 걸고 예수님의 뒤를 따르는 결과 2000년이 지난 오늘날 20억 제자화를 이끌어 낸 원동력이 된 것이다.

2. 교회개발 질적 프로그램

오늘날 교회 교인을 비롯해서 여러 조직의 구성원 간에 멘토링에 대한 욕구를 가지는 것은 격려가 되는 일이지만, 그렇게 많은 사람들에게 오랜 기간 동안 멘토링이 결핍된 것을 발견하는 것은 고통스럽다. 왜냐하면 멘토링 관계야말로 교인들이 자라서 성숙하게 되는 주요 수단이기 때문이다. 그런데 교회 내에서 우리들 중 많은 사람들이 영적으로 성숙한 그리스도인들을 만드는 길은 영적 성숙에 관한 교육과정에 양적으로 사람들을 많이 등록시키는 것이라는 잘못된 생각을 갖고 있다. 우리는 그런 주제에 관한 책들을 그들에게 준다. 우리는 그들에게 성경의 장절들도 알려준다. 숙제와 연습문제도 나누어준다. 이러한 활동들은 전혀 잘못이 아니다. 그러나 더 많은 지식을 흡수한다고 해서 영적인 성장이 이루어지는 경우는 거의 없다는 것에 대해 생각해 보았는가? 결국 예수님의 멘토링 모범 모델로 돌아가서 진정으로 교육의 질적, 영적 성장의 지름길은 산재한 제자훈련이나 성공공부보다는 실제로 1:1로 연결된 삶 속에서 신앙을 체험하고 활동으로 변화를 유도하는 것이 최적의 교회 개발의 프로그램인 것이다. 참고로 12제자 중 가장 영적 성숙으로 예수님으로부터 칭찬받은 베드로의 신앙고백을 참고하기 바란다. 마 16:13～20(주는 그리스도시요 살아계신 하나님의 아들이시이다) 이러한 고백은 예수님과 베드로와의 1:1관계에서 가능하지 오늘날 양적으로 다루고 있는 교육제도에서는 도저히 나올 수 없는 한계다.

제2장

교회 개발 멘토링 도입 분야

먼저 교회 조직개발 멘토링에서 아래와 같이 모델로 12가지 도입목표(Project)를 설정한 것이다. 막연히 돕는다, 안내한다, 상담한다, 코치한다, 조언한다, 해결해 준다 식의 멘토링은 조직의 효과성에는 거리가 먼 것으로 결론짓게 된다. 교회에 적용할 분명한 목표를 설정하고 프로젝트식으로 멘토링 사역을 추진한다면 반드시 목회성과에 놀랍게 기여할 것이다.

멘토링을 교회에 적용함에 있어 먼저 특정 사역부문을 선정하여 목표를 정하는 것이 무엇보다도 중요하다. 대부분 교회에서 외부의 간단한 사례나 특강수강 정도의 상식으로 막연하게 도입을 시도하려는 것은 실패 확률이 높다고 볼 수 있다.

멘토링 코리아에서는 아래와 같은 멘토링 프로그램 목표를 교회 조직에 도입할 때는 교회마다 멘토링에 관한 전문 지식을 갖춘 자가 쉬운 목표별로 프로그램(Program)을 추진하되 교회 실행팀(TFTeam)

을 구성하여 추진할 것을 권한다.

1. 신입단계 멘토링(Getting Mentoring)

신입단계 멘토링은 새 신자, 전입교인을 대상으로 교회에 조속히 정착하는 것과 교회생활 기초를 닦는 것을 목적으로 시행하는 단계다. 교회 등록 전 구역 멘토링에서 역할을 해야 한다.

목표 1 새 신자 정착 멘토링 프로그램

2. 성장단계 멘토링(Growing Mentoring)

성장단계는 신입단계에서 등록교인으로서 적응하고 각 부서와 조직에서 활동하면서 학습과정, 세례과정을 거쳐 정식교인이 되기 위한 멘토링 단계다.

목표 2 학습지원 멘토링 프로그램

목표 3 세례지원 메토링 프로그램

목표 4 양적 성장 출석률 향상 멘토링프로그램

목표 5 청소년개발 멘토링 프로그램

3. 사역단계 멘토링(Keeping Mentoring)

사역단계 멘토링은 교회에서 가장 중요한 단계다. 신입단계에서 등록한 교인들에 대한 유지 관리하는 단계인데 각 교회마다 앞문이 열려 있고 뒷문도 열려 있다는, 즉 교인관리에 취약한 상태를 말한다. 신입단계에서 전도 폭발이다 교육이다 많은 비용을 투자하는데 막상 제대로 유지관리를 하지 못하기 때문에 좋은 교인을 줄줄이 놓치는 경우가 허다하다. 최근에는 좋은 교인은 놓치고 문제교인만 남는다는 심각한 상황까지 이르고 있다. 그래서 멘토링에서는 아예 교인 유지 관리라는 소극적인 자세에서 '사역전문가'로 양성하는 멘토링 시스템을 직용하는 단계다. 특히 바람직스러운 것은 이 단계에서 일반교인과 목회자가 원하는 핵심사역 전문가를 선정하여 멘토링 프로그램을 적용한다면 질적 성장이 더욱 효과적일 것으로 생각된다.

목표 6 질적 성장 사역자 개발 멘토링 프로그램

목표 7 Slump교인회복 멘토링 프로그램

목표 8 제자훈련 성경공부 멘토링 프로그램

목표 9 여성인재개발 멘토링 프로그램

목표 10 중보기도연결 멘토링 프로그램

4. 리더단계 멘토링(Leadering Mentoring)

리더단계 멘토링은 야구의 홈인선수를 생각하면 된다. 첫째는 소수 인원이라는 것과 두 번째는 라운딩할 때 전 시스템이 잘해 주어야 성공할 수 있다는 것이다. 한 사람만 잘해 가지고는 성공 확률이 극히 낮다는 것이다. 한국 교회의 문제는 바로 리더단계인 교회 핵심인재 및 후계자를 양성하는 시스템이 미약하다는 것이다. 그 이유는 상위직으로 갈수록 목회자 독단운영체제에서 비공개적으로 리더격 인재가 선발되기 때문으로 볼 수 있다. 그로 인하여 목회 세습이다. 자기 사람만 키운다는 불화요인이 교회마다 문젯거리로 대두되고 있는 실정이다. 해외에서는 리더 개발 체제가 제대로 되어 있기 때문에 공정하고 경쟁적인 시스템에 의해서 우수한 인재가 선발되어 교회가 CEO나 주요 직분자가 바뀌더라도 큰 문제없이 운영되고 있다. 국내에서도 최근 사랑의 교회(옥한흠~오정현 목사)에서 교회CEO 멘토링에 좋은 모델을 보여주어 벤치마킹자료로 활용될 수 있기를 기대한다.

목표 11 핵심직분자 및 후계자 개발 멘토링 프로그램

목표 12 목회자, 선교사 개발 멘토링 프로그램

제3장

교회 개발 멘토링 도입 실무

1. 교회목회에서의 멘토링 적용 분야

1) 새 신자 정착률 향상(앞문 여는 전략) 멘토링

- 새로운 신자와 새 신자 멘토 교사를 1:1로 연결한다.
- 새로운 신자와 성숙교인을 1:1로 연결한다.

2) 지도자, 직분자 개발 멘토링

- 교회에서 지도자개발 대상자를 선정하여 교회중직자 멘토와 1:1로 연결한다.
- 부교역자와 담임 교역자를 1:1로 연결한다.
- 평신도 중 지도자대상자와 교회직분자 멘토를 1:1로 연결한다.

3) 잠재교인개발(평신도개발) 멘토링

- 초신자나 신급이 낮은 자와 직분자 멘토를 1:1로 연결한다.
- 경력이나 전문지식을 갖춘 초신자와 직분자 멘토를 1:1로 연결한다.

4) 청소년개발 멘토링

- 청소년과 교회직분자 멘토를 1:1로 연결한다.
- 청소년과 모범청소년 멘토를 1:1로 연결한다.

5) Slump교인 회복(뒷문 닫는 전략) 멘토링

- Slump교인과 중보기도 멘토를 1:1로 연결한다.
- Slump교인과 후원자 멘토를 1:1로 연결한다.

2. 멘토링 활동의 적용방법 예는 다음과 같다

멘토그룹	멘토링 활동	멘제그룹
멘토(Mentor)로는 • 교사나 구역장 • 직분자(장로, 권사, 집사) • 경력자나 전문가, 목회자 • 모범청소년 *상호 감사의 뜻 전달	**멘토링 12개월 매뉴얼** • 멘토링 목표설정 　멘토링 활동 기간 설정 • 멘토, 멘제 기준설정 　멘토링 교육시행 • 멘토, 멘제 연결식 • 멘토링, 모니터링 활동 　멘토링 종합평가 *목표달성 시 종결	**멘토(Mentor)로는** • 교사나 구역장 • 직분자(장로, 권사, 집사) • 경력자나 전문가, 목회자 • 모범청소년 *상호 감사의 뜻 전달

위 활동을 반복해서 수행함

3. Mentoring 조직표

교회멘토링운영위원회			
멘토링 지도사			
멘토링매니저(TFTeam)		멘토링매니저(TFTeam)	
멘토 / 멘제쌍	멘토 / 멘제쌍	멘토 / 멘제쌍	멘토 / 멘제쌍

- 멘토링 지도사: 멘토링 실무를 전담하는 자로서 멘토링의 계획과 각종 자료를 관리한다(mko 지도사 자격증과정 이수자).

- 멘토링매니저(TF 팀원): 멘토링 활동에서 예를 들면, 각 기관별, 각 부서별로 멘토링 프로그램을 지원하고 모니터링을 할 수 있는 요원으로서 조언해 주며 활동보고 내용을 통하여 관리한다(멘토링매니저 과정 이수자).

- 멘토링 연결쌍(Mt. Mg): 멘토링 활동을 전제로 연결된 쌍으로 먼저 성격 분석을 통하여 가장 잘 조화되는 쌍을 우선으로 연결하고 멘토링의 목적과 의도에 맞게 활동을 한다. 멘토링 활동에서 주체가 되는 Mt, Mg 한 쌍이다.

4. 멘토링의 성공 요건

- 교회라는 조직의 특성상 먼저 담임목사가 주도하여 전 교인에 멘토링 마인드를 조성해야 한다. TF팀을 구성하여 1~2명 정도는 멘토링 전문요원으로 양성해서 멘토링 적용방법부터 활동에 이르는 과정을 관리하고 모니터링을 해야 한다. 처음에는 전 분야에 적

용하는 것보다는 특정부서나 특수업무(예 - 새 신자 멘토링, 중보기
도멘토링 등)를 선정하여 집중을 할 수 있도록 한다. 멘토링 활동
에는 사전에 숫자개념의 목표율을 정하여 책임 있게 추진한다.

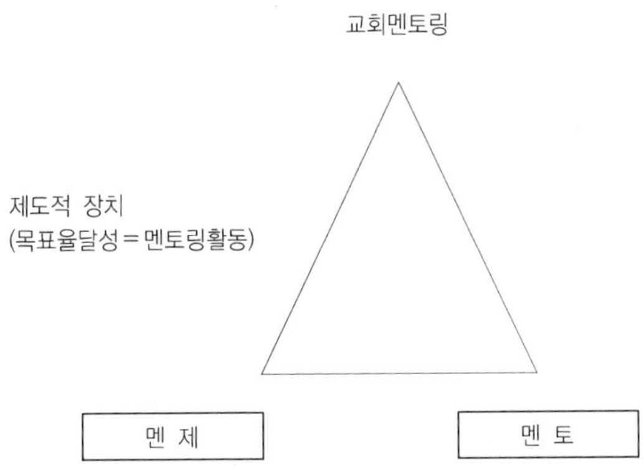

5. 멘토링의 효과

1) 목회자와 평신도 간에 사역의 균형이 유지됨으로써 목회자는
   본연의 임무에 충실할 수 있다.
2) 공동체 교회 분위기가 조성되어 따뜻한 분위기와 인간미가 넘
   치는 교회로 소문이 날 수 있다.
3) 멘토를 양성함으로 인하여 소명의식, 사명의식, 창의의식이 개
   발되어 인격과 신앙을 겸비한 중간지도자를 기를 수 있다.
4) 새 신자 정착률이 월등히 향상되어 멘토링 이전의 정착률보다
   이후의 정착률이 80~90% 가능하다.

5) 그동안 1:1성경공부로 제자훈련이 잘된 자들을 멘토직으로 전
환하여 현장사역자로 활용할 수 있다.

6) 평신도개발 전략으로 각 기관, 각 부서에 사역활동이 원활해
지며 새 신자 멘토링에서 앞문 열고, 평신도유지율 향상 멘토
링에서 뒷문 닫는 전략이 될 수 있으므로 교회가 질적, 양적
으로 크게 성장되고 목회혁신의 지름길이 될 수 있다.

Part 6

멘토링 목회 경쟁력 탄생

[New Trend 목회 경쟁력]

교회론의 가장 큰 이슈는 '교회가 왜 존재하는가?'라는 물음이다. 이 질문은 '교회의 사명이 무엇인가?' 하는 질문과 동일한 것이다. 한국 교회는 이 질문을 답하는 과정에서 역사적으로 두 유형의 모델을 세워 나갔다. 하나는 전도를 통한 '교회 양적 성장'이며 다른 하나는 '교회 질적 성숙'이다. 이와 같이 양적인 성장과 질적인 성숙이라는 두 바퀴가 서로 같이 구를 때만이 교회가 건강하다고 볼 수 있다. 그러나 오늘날 목회의 현실은 어떠한가? 멘토링 New Trend차원에서 목회 경쟁력 대안을 제시하고자 한다.

미래의 모든 교회는 아무리 대형 교회가 나타난다 할지라도 성도 한 사람 한 사람을 돌볼 멘토십제도(Mentorship System)를 구축해야 한다. 이는 큰 교회 속에 작은 1:1교회를 만드는 것과 같다. 이 1:1 팀은 다만 지리적인 공통점을 가지고 기계적으로 나눠진 하부 조직이 아니고 멘토로 하여금 교인의 욕구를 정확히 진단하고 충족시킬 대안을 가지고 탄생되는 살아 있는 유기체 조직이 되는 것이다.

오늘날 조직에 적용하는 멘토링(Mentoring)은 1:1(소수) 인간관계를 통하여 먼저 조직체 구성원을 Hightouch와 Hightech를 겸비한 고품질의 인재로 개발하는 제도이다. 또한 교회 조직개발 전략으로서 멘토링은 새 신자 정착, 교회의 평신도 개발·인재개발, 출석률 향상, 1:1 제자훈련 중보기도 등 교회의 목회 생산성을 달성하고자 하는 활성화 대안이다.

Episode◀ 가브리엘 천사와 예수님

가브리엘 천사는 천국에 오신 예수님을 반갑게 맞이했다. "예수

님, 세상에서 얼마나 계셨지요?", "3년 동안 있었지", "3년 동안 무
엇을 하셨습니까?", "제자들을 길렀지.", "몇 명이나요?", "12명을
길렀지.", "아니, 겨우 12명입니까?", "12명이 어때서? 나는 그래도
12명의 작은 예수를 길러 놓고 왔지! 훗날에 보자구."

New Trend 1. Hightouch 목회 경쟁력

New Trend 2. 모니터링 목회 경쟁력

    Tool 1 SWOT 분석기법 – 직분자 그룹 작성

    Tool 2 만족도 기법 – 평신도 그룹 작성

    Tool 3 인격지수 기법 – 목회자 그룹 작성

New Trend 3. 전산시스템 목회 경쟁력

New T 1

Hightouch 목회 경쟁력

어떤 조직이든 그 조직을 운영하는 방법도 중요하지만 그 조직이나 방법을 살리는 것은 역시 사람이다. 아무리 완비된 조직을 만들고 새로운 기법을 도입한다고 해도 그것을 활용할 사람이 똑바르지 못하면 성과도 오르지 않고 따라서 조직의 사명을 다할 수 없게 된다. 조직이 사회에 공헌하면서 스스로 융성, 발전할 수 있느냐의 여부가 뭐니 뭐니 해도 사람에게 달려 있다. 그러므로 조직 운영에 있어서도 먼저 무엇보다도 사람을 구하고 사람을 길러야만 한다. 그렇다면 어떻게 하면 훌륭한 사람을 육성할 수 있을 것인가인데 여기에는 구체적으로 여러 가지 방법이 있을 것이다.

1. 한 사람 중시 Humanity 멘토십

모르드개는 베냐민 사람으로 에스더서의 주인공(에 2:5, 7, 10 기타), 기스의 증손, 시므이의 손자, 야일의 아들, 에스더의 사촌 오라

비이다. 그는 삼촌의 딸 하닷사(후에 에스더)를, 그 부모가 죽은 후, 자기의 양녀(養女)로서 키웠다. 에스더는 삼촌 모르드개의 지도에 따라 행동하여 바사(페르샤)왕 아하수에로의 왕비로 간택되었다(에 2:7 - 20). 이 왕은 B.C. 486 - 465 / 6년 페르샤 왕위에 있었던 크세르크세스 1세로 알려졌다. 당시 이 왕에 대하여 은밀히 진행되고 있던 왕 암살 계획을 사전에 발견, 에스더를 통해 왕께 고하여, 왕의 목숨을 구하고 두 범인(내시인 빅단과 베레스)을 처형하게 했다(에 2:21 - 23). 그 후 하만이 재상이 되어, 이방신에 대한 경배 및 자기에게 부복하기를 거부하는 모르드개를 비롯하여, 모든 유대인을 학살하려 계획한 때, 그는 왕후 에스더를 움직여 전 유대인을 구하는 데 성공했다(에 3:3, 6:1 - 11).

누구나 인생살이 과정에서 만남의 중요성을 강조한다. 특히 에스더는 조실부모(早失父母)하고 고아의 신세로 큰 시련을 맞이하게 되었다. 그러한 역경 속에서 삼촌 모르드개의 보살핌은 역사의 뒤안길로 사라질 뻔한 에스더의 삶에 한 가닥 빛이라 볼 수 있다. 그뿐 아니라 학식과 지혜를 갖춘 모르드개는 에스더가 왕비로 간택되는 과정에서도 그의 지혜로운 조언으로 결정적인 계기를 만들었다.

사람의 길이란 평탄할 수만은 없듯이 그 당시 모르드개의 개인에 닥친 불운의 그림자는 그대로 유대민족의 대학살로 이어질 뻔한 찰나에 다시 한 번 에스더를 설득하는 모르드개의 논리는, 임재하신 하나님의 섭리와 직결되어 있어 에스더로부터 '죽으면 죽으리라'는 비장한 결심을 받아내었던 것이다.

한 어린 조카를 끝까지 돌보며 정성을 바쳐 왕비 자리까지 키워내 마침내 세상적으로나 신앙적으로 성공적인 멘토십을 발휘한 모르드개는 오늘날 한 인간 사랑을 중시하고자 하는 목회자들에게 벤치마킹대상으로 소개한다.

Humanity(휴머니티: 인간성)란 무엇을 의미하는가?

먼저 이에 대치되는 단어로 Productivity(생산성)를 들 수 있다. 이 말은 지금까지 우리의 목회현장에서 경쟁적으로 생산성을 위주로 한 목회 방침에서 생산성 목회에 너무 집착하고 있다는 면을 지적하고 싶은 차원에서 인간성을 다루고자 한다.

그러나 21C 오늘의 상황에서 이러한 물적 위주의 목회는 교회 내(內)외(外)적 환경에서 심한 도전을 받게 됨으로 부득이 방향전환을 하지 않을 수 없는 상황에 직면했다.

이러한 시점에서 가장 비중 있게 애용할 수 있는 단어로 저자는 Humanity(인간성) 목회를 '멘토링 인재개발전략'의 방향으로 선정한 것이다.

그러면 Humanity 목회전략의 핵심은 무엇인가?

먼저 한 사람 한 사람이 인간성이라는 분모(分母)에 – 목회자도, 기술자도, 정치가도, 교육자도, 군인도, 경영자도 – 기능적인 부문을 분자(分子)로 올려놓자는 것이다. 좀 더 구체적으로 거론하자면 멘토링의 인재개발 프로그램은 각 조직에서 Humanity(인간성) 70%, Productivity(생산성) 30%로 적용할 수 있도록 멘토링 프로그램을 체계화했다는 것을 의미한다. 독자의 이해를 돕기 위하여 현재 목회현장에서 다루고 있는 물량위주의 교회크기, 교인 수, 헌금액수, 목회자의 보수 수준 등은 목회의 본질에서 한참 순위가 뒤져야 한다는 것과 예수님의 한 마리 어린양 사랑이(마 18:12 – 14) 목회의 우선가치가 되어야 오늘날 바른 목회의 대열에서 정도를 걷는 길이라고 볼 수 있다.

2. 교인과 함께 Twoway 멘토십

"모세의 장인이 그에게 이르되 그대의 하는 것이 선하지 못하도다. 그대와 함께한 이 백성이 필연 기력이 쇠하리니 이 일이 그대에게 너무 중함이라. 그대가 혼자 할 수 없으리라."(출 18:17 - 18)

출애굽기 18장 13절 - 27절에 보면 모세에게 세 가지 문제가 발생한다. 첫째는 육체적 탈진이고, 둘째는 지도자들의 불만이며, 셋째는 백성들이 약한 모세에게 의존한다는 것이다. 이때 모세의 장인 이드로는 모세에게 멘토링으로 접근하여 "그대의 하는 것이 선하지 못하도다."(출 18:17)라고 말한다.

모세 장인의 영성과 모세의 영성을 한번 비교해 보는 시간을 갖도록 하겠다. 모세는 하나님을 대면하여 하나님을 안 자이자 하나님의 말씀을 직접 전달하는 지도자였다. 오히려 모세는 멘토인 그의 장인으로부터 조언을 받고 있는 멘제의 실정이었다.

모든 지도자가 이러한 부분을 인정하는 용기를 가져야 한다. 아무리 훌륭한 지도자라도 편견을 가질 수 있으며, 다른 사람을 통해 하나님의 뜻을 전달받을 수 있음을 인정해야 한다.

모세에게 세 가지의 문제점이 발생하자 이드로는 평신도 중에서 자격을 갖춘 사역자(10부장, 50, 100, 1000)를 임명하여 일을 분담시키라고 건의하게 된다. 평신도 사역자는 바로 이런 '이드로의 사역 분담 법칙'에 근거를 두고 있다. 목회자가 평신도와 일을 나눠 함으로써 하나님이 교회에 맡겨주신 사명을 효과적으로 수행하는 개념인 것이다. 한마디로 정리하면 자격 있는 평신도 멘토들에게 분권적 위임(Delegation)을 함으로써 목회 사역의 효과성을 높이는 제도이다.

멘토링의 장점은 두 사람이 만나서 서로의 장점을 개발하여 시너지 효과를 창출해 내는 것이다. 교회에서도 한 사람 한 사람의 장점을 개발하는 것이 목회자의 덕목이다. 그렇지 않고 오로지 목회자 본인 외에는 교인들을 믿지 못하고 혼자 일방적으로 일을 처리하는 것은 그만큼 본인도 고달프고 주위 사람들도 안타깝게 하는 것이 된다. 사람은 장점과 단점을 동시에 갖고 있기 때문에 현명한 목회자일수록 교인들의 장점과 능력을 살펴 적절하게 목교회역을 위임(Delegation)하는 것이 애교심을 길러주고 목회자가 존경받는 지름길이다.

멘토링에서도 목회자는 멘토(Mentor)를 자신을 대신한 작은 목사(Little Boss)로 100% 신임하여 한 사람의 멘제를 온전하게 보살피고 교회 리더로 세우는 데 멘토에게 권한을 위임하고 자생력을 발휘할 수 있도록 지원을 돈독히 해 주어야 한다.

Twoway(투웨이: 쌍방) 목회란 무엇을 의미하는가?

Oneway(일방)목회와 대조되는 딘어이다. 일방목회는 목사나 일부 지도자들이 목교회역을 독점하여 일방적으로 처리하는 것을 의미한다. 이는 평신도들을 신뢰하지 못하는 데서 오는 점도 있고 목회자 자신이 만능 박사라는 자기도취에서 오는 수도 있다.

아무래도 고도성장에서는 단시간 내에 다량의 교인을 다루어야 하기 때문에 시간에 쫓기다 보면 그럴 수도 있음 직하다. 그러나 어떤 경우에서든지 목회자의 일방처리는 평신도의 중지를 모아 시너지 효과를 거둬야 할 때에 결과적으로 많은 두뇌를 잃는 우(愚)

를 범하는 것이다.

반면 Twoway 목회는 일정 업무를 적절히 평신도 멘토에게 위임함으로 교인들로부터 목회의 신뢰를 얻을 수 있고 교인으로서 자부심과 애교심을 쉽게 얻을 수 있다.

멘토링은 목사의 정규목회에서 다루기 어려운 특수목회(개인일, 가정일, 취미, 특기 생활, 동호회활동 등)를 멘토에게 위임하는 것으로 교회에서 동기 부여 등 관심을 갖고 후원하면 목사와 멘토와의 큰 시너지 효과를 얻을 수 있는 것이다.

3. 멘제에 만족 C.R.M 리더십

성경에서 강력하고 긍정적인 멘토링 관계 중 한 예로 '엘리야'와 '엘리사'를 들 수 있다. 엘리사는 북이스라엘 왕국의 선지자요, 엘리야의 후계자였다. 엘리야는 하나님의 명령대로 밭에서 쟁기질을 하고 있던 엘리사를 발견하여 겉옷을 그에게 던짐으로 선지자로 임명하였다. 그 후에 엘리사는 엘리야를 그의 멘토로 따라다니며 배웠고, 엘리야가 하늘로 불려 올리울 때까지 지속적인 멘토링을 받았다. 멘토 엘리야는 멘제(Menger) 엘리사에게 겉옷을 넘겨줌으로써 차기 선지자로 권위를 물려주었다. 더구나 엘리사는 엘리야와 길갈, 벧엘, 여리고 등 끝까지 동행하여 멘토의 능력을 갑절이나 얻기를 소원하였고 멘토링의 결과 멘토 능력의 전수까지 이루어졌다.

바로 우리가 이 대목에서 염두에 둘 일은 많은 신학생 중에서 엘리사 한 사람에게 집중했다는 사실이다. 예수님께서도 소수인 12 제자를 선발하셨고 한 사람 한 사람 1:1로 관계를 통하여 '사람변화'의 핵심전략으로 활용한 것을 알 수 있다. 다수 관리보다는 한 사람 엘리사를 선택한 엘리야의 1:1리더십은 성경 중에서 모범적인 멘토십으로 충분하다고 볼 수 있다.

C.R.M(시알엠)은 무엇을 의미하는 것인가?

영어로는 Customer Relation Management의 약자로 '고객관계관리' 기법이다. 이는 교회(Company)의 생산중심의 경영체계를 마케팅, 즉 고객중심의 체계로 전환하고자 하는 최근 기법으로 고객과의 관계를, 먼저 고객의 인적 사항이나 그간 거래사항을 자료(Data Base)화한 후에 그 자료에 의하여 고객의 취향에 맞게 1:1로 마케팅을 하자는 것이다. 이 C.R.M은 한 교회가 한 고객이 원하는 한 상품을 서비스해 줌으로 고객의 만족을 얻어내어 재구매의 효과를 얻을 수 있는 것으로 결국 한 고객을 챙기는 1:1마케팅이다.

교회 멘토링에서는 바로 이 고객관리기법인 C.R.M을 그대로 교인에게 적용해 보자는 것이다. 왜냐하면 1:1기법은 그 원조가 멘토링이기 때문에 너무나도 자연스럽게 도입이 가능한 것이다. 결국 한 교인을 챙기는 1:1멘토링인 것이다.

교인들도 개개인의 인적 사항, 개인성격, 재능, 특기, 취미, 노하우, 기술, 자격, 학위 등의 자료들을 멘토링 활동에 적용하고 멘토(Mentor)와 멘제(Menger)를 연결하여 교회에서 그 활동을 지원해 주면 교인 만족을 얻어내는 데는 어렵지 않을 것이다.

일반적으로 목회를 하면서 보편적으로 범하기 쉬운 오류는 기존 교인 관리보다는 새 신자 전도에만 열중하여 양적 성장을 이루어 눈에 보이는 성과를 높이려는 데에 있다. 새 신자를 전도하기 위하여 교회는 적극적인 전도활동을 수행하지만, 그것이 그리 쉽지 않다는 사실을 곧 인식하게 된다. 왜냐하면 새 신자를 전도하기 위해서는 상당한 예산과 노력이 들 뿐 아니라 최악의 경우에는 총동원 이벤트를 한 후에도 별로 정착하지 못하는 경우가 허다하기 때문이다.

반면 기존의 교인(평신도)을 관리 유지하는 것은 상대적으로 비용이 적게 들 뿐만 아니라 기존의 교인들에게 좋은 인상을 심어줌으로써 새 신자를 자연스럽게 전도할 수 있는 장점도 있다. 결국 새 신자를 힘들여 전도하는 것도 중요하겠지만 그 이전에 허술하게 짜인 기존 교인관리 프로그램을 보강하는 것이 우선되어야 한다는 것이다. 이렇게 기존 교인 관계를 유지, 강화하는 기법으로 북미 선진 교회에서 활용되고 있는 '1:1 멘토십을 교회 뒷문 닫는 전략'으로 소개한다.

1. 왜! 교인이 떠나는가?

2. 문제는 무엇인가?

3. 어떻게 그 문제를 해결할 수 있는가?

멘토와 멘제의 멘토링 활동에서는 이러한 점들이 1:1관계에서 문제로 도출됨으로 교회 목회 전략으로 충분한 대응이 가능하다.

4. 따뜻한 인정 Hightouch 멘토십

사울왕의 맏아들 요나단은 사울왕의 후계자였다. 이런 그가 오히려 놀랍게도 사울을 계승한 다윗에게 헌신적인 우정을 보였다(삼상 20:31).

다윗에 대한 그의 우정은 다윗이 골리앗을 죽인 뒤 두 사람이 처음으로 만났던 그날부터 싹텄다(삼상 18:1 – 4). 그리고 장차 다윗이 왕이 되리라는 사울의 말을 믿고도 그 우정은 변치 않았다(삼상

20:31). 요나단은 자기 아버지가 다윗을 증오한다는 것을 알게 되었을 때 친구를 두둔하였다(삼상 19:1 - 7). 나중에 요나단이 다윗을 위하여 자기 생명을 건 모험을 한 것이 한 번만이 아니었다. 한번은 자기 자식답지 않은 요나단의 행동에 화가 난 사울이 요나단에게 창을 던졌다. 이렇게 사울은 다윗에게도 여러 번 창을 던진 적이 있었다. 두 친구의 마지막 만남은 십 광야에서 이루어졌는데, 그때 요나단은 다윗으로 하나님을 의지하게 하였다(삼상 23:16).

요나단과 다윗의 우정은 내적으로 대등한 관계이다. 이렇듯 요나단과 다윗의 우정은 성경에서 가장 훌륭한 동료 멘토링(Peer Mentoring) 관계로 꼽히고 있다.

그러면 Hightouch(하이터치)라는 용어는 무엇을 의미하는 것일까?

이는 Hightech라는 첨단지식(High Technology)에 대비되는 단어로 오늘날 과학문명의 발달로 인하여 사람의 기술이나 지식은 너무 앞서 가는데 그에 비례해서 사람끼리 관계, 즉 상호 인성(Touch)도 고도(High)로 깊어져야 균형 있는 사회를 이룬다는 뜻이다. 특히 사람의 속성상 지적(知的) 부문, 즉 좌측 뇌에 교육을 집중하면 의식화(意識化)되어서 우리가 원치 않는 문제가 발생되는데 타인을 비판하고, 정죄하고, 자기중심적이 되어서 조직의 분위기를 깨는 데 일조(一助)한다는 것이다. 오늘날 우리 교회의 집단 및 지적 교육(성경 및 제자훈련 등) 프로그램은 이러한 현상(現狀)을 급속도로 확산하는 주역(主役)을 담당하고 있다고 해도 과언은 아니다.

반면 멘토링 시스템은 이러한 이념이나 논리로 의식화되어 있는 상황에서 새로운 인재개발의 틀(New Paradigm)로서 목회의 현장에서 멘토를 세워 멘제와 전인적인 삶의 관계를 누려보자는 것이다.

다수를 관리하고 다수를 교육하는 데서 오는 현행 목회의 문제점을 멘토링에서는 1:1로 교제를 이루는 인성 활성화로 생활현장에서 멘토와 멘제 간 개인적으로 감정, 희로애락, 상담, 고백, 나눔 등을 통하여 성도 간 Hightech를 보완할 수 있는 Hightouch 대안으로 제시한다.

5. 마음을 여는 Mindship 멘토십

룻기에 나오미는 룻의 시어머니, 엘리멜렉의 아내, 말론과 기론의 어머니(룻 1:2 –)다. 예루살렘의 남쪽 8km의 고향 베들레헴의 기근으로, 남편 및 두 아들과 함께 모압에 이주하여, 그곳에 살았다(룻 1:1 – 5). 두 아들을 모압 여인과 결혼까지 시켰으나, 남편과 두 아들을 잃고, 상심한 나오미는 두 자부에게 귀향할 것을 권했는데, 룻은 최후까지 함께할 결의를 보여(룻 1:6 – 18), 나오미는 룻과 함께 고향 베들레헴으로 돌아왔다(1:19 – 22). 나오미는 상심 끝에 [마 – 라: 뜻은 괴로움]라는 자칭명을 썼다(룻 1:20). 자부 룻은 연로한 시어머니 나오미와 그 빈곤을 구하기 위해, 허락을 얻어 이삭줍기를 하게 된 것이 계기가 되어 부유하고, 동정심이 깊은 보아스와 결혼하게 되었고, 나오미는 보아스를 유대의 율법에 따라 양자로 삼았다. 보아스와 룻 사이에 오벳을 낳게 되어, 나오미는 손자까지 볼 수 있게 되었을뿐더러 엘리멜렉의 믿음의 계보는 계속되었다.

사면초가의 신세가 된 멘토 나오미는 역시 함께 어려움을 당하고 있는 며느리 룻을 친딸처럼 포용할 때 두 몸이 한마음으로 결합되어 주위를 감동시키고 땅에 축복과 하늘에 축복을 받는 주인공으로 성경은 우리에게 교훈을 주고 있다.

사랑은 내리사랑이라고 했다. 가정이나 교회나 학교나 기업체나 공통점은 아랫사람이 윗사람을 사랑한다는 것보다는 부모가 자녀를, 선생님이 제자를, 경영자가 사원을 사랑한다는 것으로 이는 너무나도 자연스러운 이치이며 당연지사(當然之事)인 것이다. 우리가 유의할 점은 아랫사람들은 너나 할 것 없이 센스가 예민하다는 것이다. 윗사람의 거동(擧動)에 대해 본능적으로 주관적인 판단이 서 있다.

Mindship(마인드십)이란 무엇을 의미하는 용어인가?

한마디로 사람의 마음(Mind)을 얻어내는 리더십(Leadership)을 의미한다. 그러면 반대되는 용어는 무엇이 있을까? 저자는 궁리 끝에 Bodyship을 선택했다. 좀 더 설명을 더 붙인다면 직장에 취업할 때 누구나 제일 먼저 작성하는 서류가 '근로계약서'이다. 여기에는 중요한 사항으로 근로시간이 있는데 일반적으로 하루에 8시간의 근로 조건을 제시하고 있다. 이 8시간의 개념은 하루에 노동력, 즉 보이는 몸(Body) 신체를 그 시간만큼 제공한다는 의미가 담겨 있다. 극단적으로 말한다면 몸으로 8시간만 채우면 되는 것이다. 바로 여기에 경영자의 지혜로운 리더십이 발휘되어야 한다.

같은 원리로 교회에서도 몸만 얻는 Bodyship의 목회자와 마음까지 얻는 Mindship의 목회자의 목회성과는 어떠할까? 바로 멘토링은 Mindship을 원하는 목회자에게 멘토(Mentor)로 하여금 멘제에게 그 사명을 자연스럽게 이루어 줌으로 결국 Mindship 목회를 실천하는 계기가 되도록 하자는 것이다.

*** Hightouch목회 경쟁력 진단 Tool**

인간존중 지수측정을 실시함으로 아래 3가지 효과를 거둘 수 있다.

효과 1: 멘토링을 우선적으로 도입해야 할 분야를 알게 된다.

효과 2: 목회자가 측정 자료로 인간존중 경영을 체계적으로 실행이 가능하다.

효과 3: 멘토, 멘제 등 참여자들이 자부심과 책임감과 조직 충성도가 높아진다.

- 채점방법: 고위 직분자와 멘토그룹으로 구분하여 진단하고 차이를 분석하면 개인은 만족감과 교회는 인간 존중의 공동체 문화가 구축되는 성과를 얻는다.

- 차이분석: 교역자그룹과 직분자 그룹으로 구분하여 진단하고 차이를 분석

다음의 각 설문을 읽고 5점 만점에 실점수를 아래 공란에 기록하라.

모니터링 목회 경쟁력

오늘날 대다수의 목회자들은 자신의 교인에 대한 열정/열성에 비해 반응에 불만족을 나타내고 있다. 구체적으로 교인들의 열매, 변화, 참여, 성숙, 정착, 감동, 봉사, 기도, 헌금, 성경 등 미지근한 상태에 고민하고 있는 것이다. 생각을 바꿀 때이다. 교인들의 참여목회 모니터링목회에 귀를 기울일 때가 온 것이다.

Tool 1 SWOT 분석기법 – 직분자 그룹 작성

* 주요 직분자 그룹에서 작성하는 기법

1. 왜 하는가?

교회의 참모습을 찾기 위한 기법으로 직분자층으로 하여금 현재 상태에서 교회를 평가해 본다. 역시 평가 자료는 방향, 전략, 멘토링에 활용한다.

주 제	NO	진단설문도구	점 수
인간성목회 Humanity	1	우리 교회는 교인을 위한 포용력이 넓다.	
	2	한 사람일지라도 중시한다.	
	3	먼저 은사에 맞게 봉사를 한다.	
	4	교인들이 목회의 비전이나 목표를 뚜렷이 알고 있다.	
신뢰목회 Twoway	5	교인들을 신뢰하여 위임전결이 확대되어 있다.	
	6	부서 간 봉사업무/직분 상하 간 대화가 잘 이뤄지고 있다.	
	7	직분자들의 언, 행 일치로 교인들에게 신뢰도가 높다	
	8	새 방침 시행 전에 교인에 알려 공감대가 이뤄진다.	
만족목회 CRM	9	우리 교회의 지역봉사는 지역에서 인정받고 있다.	
	10	교인들의 신앙성숙을 위하여 적극 투자한다.	
	11	교인 개인별 자료 파일(Data Base)이 비치되었다.	
	12	목회자가 교인들에게 약속한 내용은 틀림없이 지킨다.	
감성목회 Hightouch	13	교인들이 특별히 친목행사를 많이 하는 편이다.	
	14	교인들의 성격유형과 취미나 특기개발이 되어 있다.	
	15	가족적인 분위기와 팀워크가 중요시되어 있다.	
	16	교회 밖에서도 친목이 잘되고 개인생활도 지원해 준다.	
마음목회 Mindship	17	고충 처리 등 슬럼프에 빠진 교인을 바로 챙겨준다.	
	18	공로상, 모범상, 우수상 등 표창을 받은 교인이 많다.	
	19	교인들이 봉사한 만큼 칭찬을 받아 만족도가 높다.	
	20	우리 교회는 책망보다 칭찬을 훨씬 많이 한다.	
합 계		직분자 그룹평균( )멘토그룹평균( )	

2. 어떻게 하는가?

① 먼저 일정 인원으로 작성대상자를 선정한다.

② 멘토 / 멘제 한 쌍씩으로 Mentoring Team을 만들어 일정 장소에 모인다.

③ 지도강사로 하여금 내용설명을 충분히 듣는다.

④ 소요시간은 60분 내로 한다.

⑤ 기명으로 작성한 설문을 지도강사가 종합하여 교회에 제출한다.

3. 작성대상자는?

장로, 권사, 안수집사, 기관장, 부서장 등 주요 직분자

Interior	Strenth	Weakness
Exterior	Opportunity	Threaten

Tool 2 평신도 만족도 기법 – 평신도그룹 작성

* 평신도 그룹에서 작성하는 기법

교회 내용을 제대로 파악할 수 있는 각 기관 부서에서 5년 이상 봉사자로 지낸 평신도 중에서 20명 이상을 진단자로 선정하여 진단하고 결과는 비공개로 담임목사의 모니터링 자료로 활용한다.

교회   직분   연령

구 분		설문항목	4	3	2	1	0
교회운영	예배	분위기, 말씀, 시간 등에 만족한다.					
	교육	교육관, 프로그램, 교사 등에 만족한다.					
	전도	전 교인의 전도열심도가 대단하다.					
	교제	신앙분위기에서 인격적 교제가 이뤄진다.					
	봉사	전 교인이 서로 봉사에 앞장선다.					
소계( )							
교회관리	청소	항시 내, 외 환경이 깨끗하다.					
	냉난방	쾌적한 냉난방설비를 갖췄다.					
	주차장	편한 주차장과 안내를 잘 받는다.					
	컴퓨터	교회자료가 컴퓨터 처리된다.					
	차량	차량이 유효 적절히 운영된다.					
소계( )							
인사조직	기관	기관장과 구성원이 단합을 잘한다.					
	자치회	회원들이 선출한 회장과 회원들이 협조가 잘된다.					
	당회	서로 화합하고 교인들의 애로사항을 잘 해결한다.					
	제직회	모든 제직들이 교인들과 한마음으로 봉사한다.					
	부교역자	담임목사와 뜻이 잘 맞아 인기가 높다.					
소계( )							
재정자산	수입, 지출	수입이 많아 예산대로 집행된다.					
	재산대장	모든 교회재산이 장부에 의해 관리된다.					
	수양관등	수양관 등 교회 외부시설이 흑자다.					
	외부지출	교회 외부에 적절한 지출을 한다.					
	공개	재정이 정기적으로 공개된다.					
소계( )							
교역자리더십	비전 제시	현실대응과 미래 비전 제시에 앞선다.					
	섬기는 종	교인을 위한 섬기는 자세에 만족한다.					
	청지기	겸손한 마음으로 하나님께 영광 돌린다.					
	마음자세	마음이 너그럽고 인간성이 풍부하다.					
	대인관계	지역사회, 동료관계, 교계에서 인기가 높다					
소계( )							

종합평가(합계 점)	100 - 81	80 - 61	60 - 41	40 - 21	21 미만
	리더교회	우수교회	잠재교회	문제교회	대응교회

Tool 3 인격지수 기법 – 목회자그룹 작성

* 목회자 그룹에서 작성하는 기법

□ 개인의 인격개발지수란? 인격을 3가지로 구분하여 자가 진단하는 진단 기법으로 지적인 전문 분야, 정적인 정서 분야, 의적인 의지 및 윤리 분야 등으로 구분하여 체크한다.

□ 절대 평가이기 때문에 설문에는 어느 것이 맞고 틀리다고 할 필요가 없다. 자기의 삶과 목회 현장에서의 습관과 행동을 그대로 표시하면 된다.

□ 이 평가지는 남들과 비교하기 위한 것이 아니라 목회자 자신이 평가 후 자기 인격 지수를 업그레이드하여 자기 성장을 돕는 자료다.

□ 다음의 각 설문이 당신의 경우에 얼마나 해당되는지 아래 점수를 5점 만점으로 진단하라.

구 분		목회자 인격 진단도구	5	4	3	2	1
전문 분야	지식기술	나의 목회지식과 기술은 경쟁력이 있다.					
	목회능력	동료 중에서 목회의 능력을 평가 받고 있다					
	노하우	목회 노하우를 가지고 있다고 생각한다.					
	정보공유	교계에서 목회 정보 파악을 잘하고 있다.					
	경력개발	목회 경력을 우수하게 쌓고 있다					
정서 분야	정서향상	친목미팅 등 정서 활동에 앞장서고 있다.					
	타인배려	남의 어려운 일 처리에 앞장서고 있다.					
	건강향상	정신 및 신체 건강에서 인정받고 있다.					
	관계촉진	가정/동료/상급가관 동역자와 관계가 좋다.					
	심리차원	교회나 가정에서 스트레스를 스스로 잘 푼다.					
의지 분야	의지결단	교계에서 리더십으로 인정받고 있다.					
	윤리의식	진리와 허위 선과 악의 구분을 분명하게 한다.					
	절제관리	혈기/탐욕 등 본능적인 면에서 절제가 잘된다.					
	목표의식	생애목표 및 목회 목표 설정에 우수하다.					
	리더역할	교계나 지역사회에서 리더 역할을 한다.					
합계점수							

탁월 81 - 100	우수 61 - 80	보통 41 - 60	보완 21 - 40	미달 0 - 20

New T 3

전산시스템 목회 경쟁력

멘토링 전산 시스템은 교회의 양적, 질적, 영적인 경쟁력 강화 차원에서 Off Line의 한계인 인원적, 시간적, 장소적 관리적 제한을 벗어나는 효과가 있다.

특히 대형교회에서 수천 명/수만 명을 동시에 On Line에서 지원이 가능함으로 저비용 고효율의 효과를 지속적으로 얻을 수 있는 중장기적인 On Line 시스템이다.

Off Line System – 수십/수백 명 교회 멘토링 활동 가능

On Line System – 수천/수만 명 교회 멘토링 활동 가능

1. 도입배경

- 교회 경쟁력 강화 차원

경쟁력	멘토링 종류	주요 활동내역	효 과
양적 경쟁력	새 신자 정착률 향상 재적대 출석률 향상	- 새 신자와 직분자와 연결 - 재적부에 있으나 불출석자 선정 - 교회 가끔 출석자를 선정 *직분자와 1:1로 세례까지 동행	- 이탈률 감소 - 재적대 출석률 향상 - 헌금률 향상
질적 경쟁력	평신도 리더개발 청소년 리더 개발	- 평신도 중 사역/봉사대상자 선정 - 청소년 / 대학생 리더 대상 선정 *직분자와 1:1로 연결 1년 동행	- 멘토 리더 확보율 확대 - 청소년 교회 자긍심 향상
영적 경쟁력	중보기도 성취율 슬럼프 교인 회복률	- 특정 기도대상자 선정 - 슬럼프 교인 선정 - 교회 비평 / 불만자 선정 *직분자와 1:1로 1년 동행	- 사랑의 공동체 구축 - 봉사자 확보율 향상 - 교회사랑 Royalty 향상

2. 도입목적

본 멘토링 시스템을 통하여 멘토링 활동을 지원하므로 효과적으로 달성하는 데 그 목적이 있으며

1) 멘토링의 과학적, 체계적인 수행
2) 멘토와 멘제의 합리적인 연결과 시간 절약
3) 멘토와 멘제의 수가 많은 멘토링 활동에서의 철저한 관리 제공
4) 멘토링 활동의 부(반) 작용의 사전 탐색을 위한 모니터링 실시간 제공
5) 대면에 의한 시간적, 공간적 제약을 Cyber 공간을 통하여 해소
6) 제한적인 멘토링 교역자의 업무를 지원

3. 개발 방향

1) 모든 프로그램은 Internet에서 활용토록 개발한다.

2) 사용자 이용의 편의성을 중심으로 한다.

3) Contents와 Tool을 중심으로 한다.

4) 향후 추가되는 멘토링 Topic 적용 시 특성변수 등의 고유 프로그램을 제외하고

5) 기본적인 프로그램은 그대로 사용할 수 있도록 모듈화한다.

6) Up grade 등의 확장이 용이하도록 한다.

[적용Tool]

1) Maching Tool – 멘토와 멘제를 최상의 조건으로 연결한다.

2) Monitoring Tool – 활동 중 모니터링할 사항을 다룬다.

3) Evaluation Tool – 활동목표와 성과에 대한 규정대로 평가 여부를 다룬다.

4. 개발단계 및 내용

단 계	내 용	비 고
프로그램 기획안 확정	멘토링 프로그램의 기획안을 최종적으로 확정	Mentoring 수행기관
요구사항 분석 및 개발계획안 확정	멘토링 프로그램이 요구하는 사항을 정의하고 필요 시 멘토와 멘제의 요구사항을 수집조사	공동
진행 단계별 시나리오 작성	각 작업 단계별 개발을 위한 시나리오 작성	비고
Tool 설계	멘토 / 멘제 선발, Matching, Evaluation, Monitoring Tool 및 Mechanism 설계 및 확정	Mentoring 수행기관
Screen / DB설계	Story board, 시나리오, 화면, DB/Table 설계	공동
H / W Install	H/W를 개발처에 설치	공급업체
Program 및 각 Tool 작성	프로그램 작성 각종 Tool 개발	개발사
Test	단위 Test, 시험 test	공동
Prototype	시범 적용	공동
시행	멘토링 프로그램에 적용 시행	수행기관

5. 시스템 목표

1) 멘토링 목표 달성률 100% 극대화

2) 멘토링의 이해폭 증대(전 조직체로)

3) 멘토링에 대한 적극적인 참여 유도

4) 멘토링 도입에 용이성, 친근감 제공

6. 시스템 효과

올바른 멘토링의 이해와 적합한 제도

1) 동시에 많은 인원이 Mentoring에 참여 – 수천, 수만 명

2) 시간과 공간의 제약이 없어 제한적이지 않음

3) Mentoring 도입에 부담감이 전혀 없음

4) 합리적인 절차에 의한 최적 Matching

5) 멘토링 활동 중 발생하는 부작용 사전감시

6) 멘토링 객체별 상호연동(멘토인증제로 확대)

7) Best Practice에 의해 제시된 Model활용

Part 7

멘토링 현장 운영관리

Mentoring Management

멘토링 프로젝트를 구체적으로 추진하기 위하여 4 - Process인 추진과정, 교육과정, 활동과정, 평가과정에서 운영 프로그램을 작성하는 단계다.

추진 및 활동 조직구축, 인력확보, 프로그램개발, 교육계획 멘토/멘제 활동계획 그리고 최종 평가 프로그램을 다룬다. 프로그램을 먼저 작성 후 필요 예산 편성을 하여 활동을 지원하고 인간성 바탕 위에 생산성 확보를 목적으로 활동을 추진한다.

대부분 사람이 잘못된 선입견으로 멘토링이 1회성 단기적인 교육프로그램으로 인식하고 있다. 이 테마에서는 멘토링 활동이 과정(Process), 즉 중·장기적인 기간의 필요성과 특히 조직에서 최단기적으로 적용하는 12개월의 타당성과 구체적인 일정 그리고 예산편성을 다루었다.

Episode ◀ 뇌의 가치

뇌를 심하게 다쳐 교환하여야 할 형편인 환자에게 의사는 세 가지 뇌를 보이면서 가격은 3,000만 원, 2,000만 원, 1,000만 원이리고 설명해 주었다. 환자는 왜 그렇게 가격이 차이가 나는가 물었다 의사는 친절하게도 1,000만 원은 너무 머리를 많이 쓰는 경영자의 것이고, 중간은 과학자의 것이고, 가장 비싼 뇌는 머리를 적게 사용하는 정치인의 뇌라고 설명했다.

1장 Process별 관리

Process 1 추진과정 관리

제1장

Process별 관리

 멘토링 프로젝트를 구체적으로 추진하기 위하여 4 - Process인 추진과정, 교육과정, 활동과정, 평가과정에서 운영 프로그램을 작성하는 단계다.

 추진 및 활동 조직 구축, 인력확보, 프로그램개발, 교육계획 멘토/멘제 활동계획 그리고 최종 평가 프로그램을 다룬다.

 프로그램을 먼저 작성한 후 필요 예산 편성을 하여 활동을 지원하고 인간성 바탕 위에 목회 생산성 확보를 목적으로 추진한다.

Step 1 프로젝트 운영안 개발

멘토링 활동을 체계적으로 추진하기 위한 12개월 운영 지침서로 제안서를 대신하고 실행 계획서로 활용하며 50Page 분량으로 운영안을 필요수량 제작한다.

1. 운영안 개요

1) 활동목적: 예시 - 관계 활성화로 업무능력 향상
O 멘토와 멘제를 연결하여 직장생활에서 다양한 정보와 지식을 제공함으로써 성장 잠재력을 개발하고 자기계발의 기회 제공
O 멘제들이 겪는 심리적, 사회적, 정서적 문제에 대한 멘토의 조언과 함께 고민을 풀 수 있는 자리 마련
O 멘토와 멘제를 연결, 교류기회를 확대하여 동료의식을 고취하고 신속한 적응을 유도하여 직장 적응률 향상
2) 활동 기간: 12개월
3) 활동시종: 2009. 11. 01～2010. 10. 31
4) 멘제그룹: 후배직원 50명
5) 멘토그룹: 선배직원 50명

2. 운영안 내용

1) 멘토링의 기본이해

(1) 멘토링 원리와 유래

(2) 멘토링의 필요성

2) Process별 관리

Process 1 추진과정 관리

Process 2 교육과정 관리

Process 3 활동과정 관리

Process 4 평가과정 관리

3) 12개월 운영방법

(1) 12개월 의미

(2) 12과정별 일전표

(3) 12개월 월별 일정표

(4) 12개월 예산편성표

4) 12개월 행정양식

(1) 결연식 및 종무식양식

(2) 설문진단 도구

(3) 평가양식

Step 2 관리프로그램 매뉴얼 개발

멘토링 4개 과정 활동을 지원하고 촉진하기 위하여 멘토링 관리자, 모니터, 멘토용으로 200Page 분량의 매뉴얼을 필요수량대로 제작한다.

[관리프로그램 매뉴얼 내용]

1. 멘토링 운영안 – 50p

2. 멘토링 Skill Manual – 30p

3. 멘토링 6 – Step Manual – 30p

4. 멘토링 Game Manual – 30p

5. 멘토링 Tool Manual – 30p

6. 멘토링 Strategy Maunal – 30p

Step 3 On Line 전산 시스템 개발

멘토링 프로그램을 관리하는 데 시간적, 장소적, 관리적 제한을 극복하기 위하여 멘토링 전용 온라인 Website를 구축하여 멘토, 멘제, 모니터의 활동을 지원한다.

온라인 Website(멘토링 홈페이지)에서 다룰 업무는 시행 조직의 Web Site에 e – mentoring Communication을 개설하여 보고서 수집 및 활동 사항 그리고 학습을 지원한다.

[형식]

[내용]

메뉴판	게시판
1. 운영실	3개월 12주 운영안 저장
2. 활동실	모임연락 활동수기기고
3. 보고실	멘토활동보고서 멘제의 영향력보고/ 모니터 설문의 보고서 저장
4. 자유게시판	공적, 사적 알림, 느낌, 감동, 활동소감, 수기, 격려, 칭찬 등 저장
5. 학습 지원실	1. 학습자료 – 12Tip자료수시저장 2. 특선자료 – 12Tip자료수시저장 3. 명상시간 – 12Tip자료수시저장 4. 활동기술 – 12Tip자료수시저장 5. 현장사례 – 12Tip자료수시저장

Step 4 영상 Story Telling 자료 개발

멘토 / 멘제의 활동 촉진과 멘토링에 관한 마인드 유지를 목적으로 영상 학습 및 명상 자료를 제공한다.

애니메이션 등장인물로 아래 3사람을 내세워 드라마식으로 서로 간 문답내용, 학습 내용, 토의 내용을 논리적으로 재미있게 감동적으로 현실적용 사례 등을 포함하여 개발한다.

[형식]

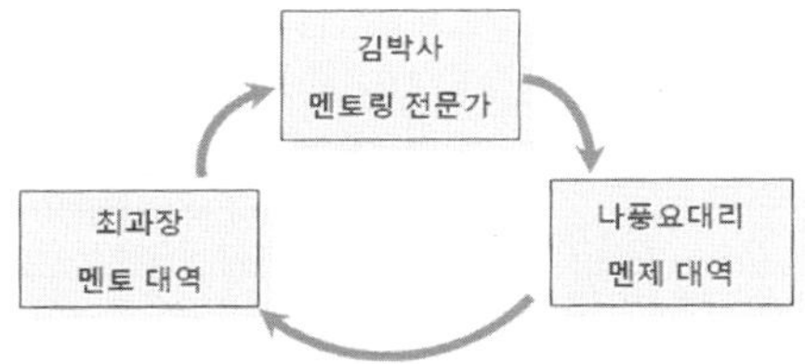

[내용]

영상 Story Telling내용 – 각 Tip 2분 정도

1) 도입사례 – 15Tip 제공

2) 활동지침 – 15Tip 제공

3) 명사명언 – 15Tip 제공

4) 예화사례 – 15Tip 제공

5) 명상시간 – 15Tip 제공

Process 2 교육과정 관리

Step 1 교역자 및 고급직분자 리더십 특강 프로그램

멘토링이 교회에서 성공하기 위해서는 교회 내 분위기 조성과 멘토/멘제 활동을 지원하기 위하여 간부급, 부서장급 특강이 필수적으로 필요로 한다.

- 교육과정: 리더십 특강 과정(2시간)

- 교육참석: 교역자 및 부서장 기관장급

Contents	특강과정
1. Story(원리)	10m
2. Skill(기술)	20m
3. Leadership(리더십)	30m
7. Humanity(인간성)	20m
8. Productivity(생산성)	30m
10. Case Study(사례)	10m
합 계	2H

[교육과정 효과]

효과 1) 멘토링 분위기 조성이 확산된다.

효과 2) 멘토 / 멘제의 활동이 활발해진다.

효과 3) 상하 간, 부서 간 인간관계가 촉진된다.

효과 4) 사역의 전략적인 네트워크가 형성된다.

효과 5) 인성중심의 사랑의 공동체 문화가 형성된다.

Step 2 전문가 양성 교육 프로그램

멘토링 활동을 체계적으로 도입하기 위하여 프로그램 전문 관리자를 양성하여 3개월 동안 준비과정부터 마무리까지 프로그램을 관리하도록 한다.

- 교육과정: 멘토링 전문가 양성 과정(3일간 20시간 과정)

- 전문가 양성과정
- 강사자격 과정
- 컨설턴트 자격과정

Mudule Theme	전문가 기본과정	전문가 심화과정	지도사 자격 강사과정	지도사 자격 컨설턴트
1. Story(원리)	2	6	8	8
2. Skill(기술)	2	8	12	12
3. Leadership(리더십)	2	4	6	6
4. Game(게임)	6	10	14	14
5. Tool(도구)	2	4	8	14
6. Strategy(전략)	2	2	2	6
7. Humanity(인간성)			2	4
8. Productivity(생산성)			2	6
9. Manual(매뉴얼)	2	4	4	6
10. Case Study(사례)	2	2	2	4
합 계	20H	40H	60H	80H

[교육과정 효과]

효과 1) 도입, 활동, 평가 프로그램을 체계 있게 관리할 때 저비
용 고효율의 효과

효과 2) 분명한 멘토링 목표가 있기 때문에 실패율을 줄이고 성
공률을 높임

효과 3) 멘토링 프로그램을 전문적으로 관리하게 됨으로 장기간
지속이 가능

효과 4) 활동과정마다 적절한 프로그램으로 멘토/멘제들이 책임
감과 안정감

효과 5) 활동 종료 시는 목표율 평가에 의하여 생산성 여부를 점
검 가능함

Step 3 멘토 / 멘제 Workshop 교육 프로그램

멘토 / 멘제 활동 개시에 시행하는 교육으로 이론정립, 상견례, 관
계기술, 대화기술, 소통기술 등을 학습하여 성공률을 높이고자 함
이다.
- 교육과정: 멘토 / 멘제 Workshop 교육과정(4, 8, 20시간 과정)
- 교육참석: 멘토 / 멘제 대상자 40명

Module Theme	특강 4H과정	기본과정 8H과정	정규과정 20H과정
1. Story(원리)	0.5	1	2
2. Skill(기술)	1.5	2	6
3. Leadership(리더십)	0.5	1	2
4. Game(게임)	1.0	2	6
5. Tool(도구)			2
6. Strategy(전략)			
7. Humanity(인간성)			
8. Productivity(생산성)			
9. Manual(매뉴얼)			
10. Case Study(사례)	0.5	1	2
합　계	4	8	20

[교육과정 효과]

효과 1) 멘토링 원리와 현장 프로그램에 대한 올바른 이해를 갖

는다.

효과 2) 멘토 / 멘제 상호 간 관계 촉진 커뮤니케이션이 원활해진다.

효과 3) 멘토 / 멘제가 미팅 활동 시 소재개발에 아이디어를 갖게
된다.

효과 4) 멘토십이 개발되어 멘제를 양육하는 데 노하우를 갖게
된다.

효과 5) 멘토는 리더십이 개발되어 회사의 핵심인재로 인정받게
된다.

Step 4 멘토/멘제 보수교육 프로그램

멘토링 현장 활동에서 멘토링에 관한 긍정적인 마인드를 유지할
수 있도록 보수교육이 필요하다. 아울러 계간 그룹 활동이나 계간
평가도 실시한다.

 - 교육과정: 멘토 / 멘제 보수교육 과정(1회 2시간)
 - 교육참석: 멘토 / 멘제
 - 교육경법: 계간 1회 실시하면서 중간평가 겸한다.

Module Contents	보수교육과정 2시간
1. Story(원리)	
2. Skill(기술)	30m
3. Leadership(리더십)	
4. Game(게임)	60m
5. Tool(도구)	
6. Strategy(전략)	
7. Humanity(인간성)	
8. Productivity(생산성)	
9. Manua(매뉴얼)	
10. Case Study(사례)	30m
합　계	2H

[교육과정 효과]

효과 1) 멘토링에 관한 긍정적인 마인드가 조성된다.

효과 2) 멘토 / 멘제 전체가 모여 그룹 친목행사가 이뤄진다.

효과 3) 구성원 친목으로 선후배 간의 대화의 기회가 생긴다.

효과 4) 타 부서 직원들도 만나게 되어 상호협조의 기회가 생긴다.

효과 5) 멘토링 그룹 전체가 모여 친목하므로 조직에 대한 충성
도가 향상된다.

Step 5 멘토 / 멘제 결연식 프로그램

멘토링 활동에서 멘토가 멘제를 개인적으로는 자부심을 갖고 한
편으로 교회적으로는 책임과 목표의식을 갖고 인재개발을 하기 위
함이다.

- 교육과정: 멘토 / 멘제 결연식 과정(1일간 1시간 과정)
- 결연참석: 멘토 / 멘제 대상자

1. 결연식 프로그램 유의사항

본 결연식은 멘토링 도입 Workshop 기본교육을 마치고 별도의 시간으로 단위 조직의 주관으로 진행한다. 쉽게 생각하면 남, 여 결혼식을 염두에 두고 격식을 갖춰 진행한다고 생각하면 된다. 가능한 CEO가 참석해야 하나 그렇지 못할 경우 반드시 임원 정도에서 격려사를 하는 순서를 진행하도록 한다.

당일에 하지 않고 별도 일정을 잡아 할 수도 있다. 아래 프로그램은 멘토링코리아에서 제공하는 샘플임으로 단위 기업에 맞는 형식으로 조정할 수 있다.

- 업체상호:
- 결연일자:
- 결연장소:

1	개회사	사회자
2	멘토 / 멘제 선서	사회자 CEO
3	격려사	CEO
4	사진촬영(CEO와 함께)	사회자 CEO
5	만찬	사회자

CEO는 담임목사

Step 1 개인활동 - 주간 미팅 Day 프로그램

멘토 / 멘제의 개인적인 주간 미팅으로 친교 및 사역 능력향상 활동을 촉진하는 프로그램으로 교회에서는 멘토링 Day로 정하여 활성화해 주어야 한다.

  - 활동명칭: 멘토 / 멘제 개인 주간 활동
  - 활동참석: 멘토 / 멘제 개인쌍별로 참석

주간 개인 미팅 활동 프로그램 소개

활동주제	세부 내용
1. 개인 역량 개발을 위한 활동	- 도서관 탐방, 서점탐방 - 영화, 동화 함께 읽기 - 멘토 / 멘제의 과거 생활에 대한 정보를 교환하고, 습득하도록 도움 - 인터넷상에서 정보 찾기 - 역량개발을 위한 전문 과목 등을 개인지도 - 컴퓨터 사용방법을 가르침 - 박물관 방문 및 방문에 대한 보고서나 스피치 준비
2. 개인적 친목 관계 진전을 위한 활동	- 멘제가 좋아하는 음식으로 식사 - 멘제가 가 보고 싶어 하는 곳 - 대학로 / 한강 / 산 / 바디 / 등을 빙문 - 멘토의 가정에 초대 - 영화 연극 음악회 - 야구장, 축구장, 농구장 - 시장이나 백화점을 함께 다님 - 함께 장애인 시설이나 병원에 봉사 활동
3. 사역능력 향상을 위한 미래 준비 활동	- 멘토의 전공이야기나 지식 기술에 관한 조언 - 관심 분야에 대한 자료제공, 관심 분야에 종사하는 선배와 만남주선 - 전문 분야 학술발표에 참석 - 장래개발에 대한 것들에 대해 토론

Step 2 그룹활동 - 월간 미팅 Day 프로그램

멘토링 추진팀에서 주관하여 전체쌍이나 팀별로 계간 미팅하는 것으로 주로 관계 촉진을 위한 친교 격려 중심의 모임 활동을 갖는다.
- 활동명칭: 멘토 / 멘제 그룹 계간 활동(주간 모임 하루를 대체한다)
- 활동참석: 멘토 / 멘제 전체나 팀으로 참석, 교회의 교역자나 담임목사 참석
- 활동경비: 그룹특별 모임으로 교회에서 전체 행사비 지원

계간 그룹 미팅 활동 프로그램 소개

NO	행사 종류 예시	일정선택	장소선택	시간선택
계간 1차 – 월	친목 촉진행사			
	월간평가			
계간 2차 – 월	문화 체험행사			
	월간평가			
계간 3차 – 월	신체 단련행사			
	월간평가			

1차 친목 촉진행사
- 맛집 찾기, 특식 먹기, 향토 및 토속 음식 먹기, 별미 찾기 등 선택
2차 문화 체험행사
- 영화감상, 서점방문, 미술관 음악콘서트 경기관람, 고적답사 등 선택

3차 신체 단련행사

- 등산, 조깅, 마라톤참가, 래프팅, 테니스, 수영 등 운동 선택

Step 3 멘토 보고서 - 월간 활동보고 프로그램

멘토링 활동은 교회의 시간, 인력, 자금 지원 아래 수행함으로 반드시 경영층에 결과 보고가 원칙이다. 멘토의 월간보고는 가장 기본 보고다.

보고서 명칭: 멘토 월간보고서 - 멘제와 활동 사항을 보고양식에 보고한다.

보고서 작성: 멘토가 주관하고 멘제는 협조한다.

보고서 제출: 멘토링 전문가 모니터 최종 멘토링 위원장에 제출한다.

멘토의 월간 활동 보고서 양식

미팅 월수	월일 장소		소재 내용	비고
월미팅	월일 1차 2차 3차 4차	장소	1 2 3 * 다음 소재:	
월미팅	월일	장소	1 2 3 * 다음 소재	
월미팅	월일	장소	1 2 3 * 다음소재	

* 멘토 / 멘제 관계보고   좋음 - - - - - - -5 4   3   2 1 - - - - - -안 좋음
* 발생된 문제점은?
* 기타보고 사항
* 행사비 정산
- 총사용 금액(   ) - 증빙서 보완금액(   ) - 증빙서 불비금액(   )

Step 4 멘제 보고서 - 월간 영향력 보고 프로그램

멘토링 활동은 멘토의 역량을 최대한 발휘하여 멘제 역량개발에 성과가 나타나야 한다. 멘제는 자신에 미치는 멘토의 긍정적인 영향력을 평가한다.

보고서 명칭: 멘제 월간보고서 - 멘토의 영향력을 긍정적인 차원에서 평가한다.

보고서 작성: 멘제

보고서 제출: 멘토링 전문가 모니터 최종 멘토링 위원장에 제출한다.

구 분		멘토의 전인적 서비스의 평가 진단도구	5	4	3	2	1
전문 분야	지식기술	성경지식과 체험신앙 이전이 잘되고 있다.					
	사역지원	사역지원이 잘되어 사역이 숙달되고 있다.					
	노하우	노하우를 제대로 얻을 수 있는 계기다.					
	정보공유	가치 있는 정보공유가 잘되고 있다.					
	경력개발	경력개발에 큰 도움이 되고 있다.					
정서 분야	정서향상	친목미팅 등 정서 활동에 도움이 되고 있다.					
	타인배려	어려운 일 처리에 많은 도움받고 있다.					
	건강향상	정신 및 신체 건강 증진에 도움된다.					
	관계촉진	상호 간 멘토링 활동 미팅을 자주 한다.					
	심리차원	상담과 대화를 통해 감사의 마음이 생긴다.					
의지 분야	의지결단	리더로 성장하고 싶은 의욕이 강하다.					
	윤리의식	선과 악의 구분을 분명하게 한다.					
	절제관리	혈기 등 본능적인 면에서 절제가 잘된다.					
	목표의식	생애목표 및 업무 목표설정에 도움이 된다.					
	리더역할	멘토를 모델로 차후 나도 멘토가 되고 싶다.					
합계점수							

Step 5 월간 현장출장 컨설팅 프로그램

교회의 멘토링 활동은 인간성 바탕 위에 목회 생산성 효과를 얻는 데 목적을 두고 개인의 만족감과 목회의 효율성을 멘토링 전문가를 통해 점검받게 된다.

업무 명칭: 전문 컨설턴트의 격월간 현장 컨설팅

업무 참가: 컨설턴트 주관하여 전문가, 모니터, 멘토

업무 내용: 시스템 정상가동여부 프로그램 정상 적용 여부

　　　　　 멘토 / 멘제의 계간보고서 모니터의 상담내용

제1단계: 조직점검	조직계층의 협조 여부
제2단계: 리더십	교역자나 팀장이나 모니터의 관리 리더십
제3단계: 상담	모니터의 상담내용과 처리결과
제4단계: 멘토보고	멘토 월간보고서 적정 여부
제5단계: 멘제보고	멘제 영향력보고서 적정 여부
제6단계: 정기활동	주 / 월간 정기 활동의 적정 여부

Process 4 평가과정 관리

Step 1 정성평가 – 개인 만족도 평가 프로그램

멘토링 활동은 멘토 / 멘제의 개인 활동이 우선하고 참여자의 개인 만족도의 여하에 따라 조직 만족도가 좌우되므로 개인 인간성 평가가 우선된다.

구 분	번 호	진단도구	5	4	3	2	1
사 역	1	현재 담당사역에 만족도 여부					
	2	교역자와 업무처리 협조 여부					
	3	담당업무 처리절차를 알고 있는 정도					
	4	타 부서 기관과 업무협조 여부					
	5	금번 멘토링을 통해 사역숙달 정도					
활 동	1	활동 기간 만족도 여부					
	2	멘토 / 멘제 서로 활동 만족도 여부					
	3	미팅 활동이 유익 여부					
	4	얼마나 개인과 신앙 성장 여부					
	5	멘토링 활동에 다시 참가 여부					
관 계	1	멘토 / 멘제 서로 관계 만족도 여부					
	2	겨역자와 관계 만족도 여부					
	3	교회의 성도와 관계 만족도 여부					
	4	가정식구들과 관계 만족도 여부					
	5	사회 접촉사람과 관계 만족도 여부					
조 직	1	우리교회의 인간존중 만족도 여부					
	2	내가 신뢰 받고 있는 만족도 여부					
	3	인사관리에 만족도 여부					
	4	교회 인간적인 대우에 만족도 여부					
	5	담임목사 리더십에 만족도 여부					

Step 2 정량평가 - 조직 효율성 평가 프로그램

조직에 적용되는 제도적 멘토링은 인간성 바탕 위에 생산성 효과를 얻는 게 목적이다.

특히 정량평가 기준은 생산 효율성을 기반으로 하는 게 원칙이다.

- 평가 명칭: 정량평가 조직의 효율성 평가

- 평가 방법: 5가지 효율성 평가 지수에 의거하여 금번 해당되는

항목을 적용한다.

- 평가 주관: 멘토링 전문가와 전문 컨설턴트
- 평가 시점: 멘토링 활동 마감 즉시

정량평가 효율성 평가 기준

구 분	평가방법	효율성(%)
유지율	목적: 멘토 / 멘제 쌍별로 제대로 유지되고 있는가?	
	산식: 현재 쌍 / 당초 쌍×100	
정착률	목적: 새 신자의 정착이 제대로 되고 있는가?	
	산식: 현재 멘제 수 / 당초 멘제 수×100	
참여율	목적: 멘토 / 멘제가 행사나 교육 참여 잘하는가?	
	산식: 참석인원 / 총인원×100	
숙달률	목적: 금번 멘토링 기간에 사역 숙달되었는가?	
	산식: 금번숙달 기간 / 정상으로 걸리는 기간×100	
회수율	목적: 투자자금이 수익적 회수 성과가 있는가?	
	산식: 회수자금 / 투자자금×100	
	회수자금 산출에 참고사항 1. 전년보다 추가 정착 새 신자×월평균 보수액 2. 멘제 업무 조기숙달 기간×월평균 보수액	

Step 3 멘토 인증서 수여 프로그램

직장생활을 겸직한 멘토를 공훈(功勳)차원에서 활동을 인증하는데 의미가 있다. 멘토를 격려함으로 멘토링 성공은 물론 조직의 충성도를 높일 수 있다.

- 행사 명칭: 멘토 인증서 수여
- 인증 방법: 전문교육, 활동 기간, 평가실적 등 3가지 기준 평가
- 인증 주관: 멘토링코리아에서 주관하여 작성

- 인증서 수여: 멘토링 종료식 때 담임목사가 수여하고 내용을
  인사에 반영

멘토 인증서 내용 및 행정양식

멘토 인증서
Sertified Mentor

인증 NO:
성명: 생년월일:
소속: 담당멘제:
위 사람은 금번 아래 내용으로 멘토 활동을 인정하여 본 이증서를 수여합니다.
1. 전문 교육수강 실적
2. 멘토링 활동 기간
3. 평가 활동 참여 실적

2009. 12. 3.
멘토링코리아 대표 류재석

Step 4 우수자 포상 및 종료식 프로그램

멘토링 활동 성공 여부는 멘토의 자생력에 좌우된다. 경영자는 멘토링 참여자에 대해 특별히 배려하고 인정하고 포상으로 격려를 해 주어야 한다.

- 행사 명칭: 멘토링 활동 우수자 포상
- 선발 방법: 모니터의 추천으로 위원장이 선발한다.
- 포상 대상: 멘토우수자 - 1명 우수쌍 - 1명 활동 수기(手記) 우수자 - 1명
- 포상 경비: 우수자별로 구분하여 종료식 때 현금 포상한다.
  멘토링 우수자 포상 및 종료식 프로그램

■ 1부 - - - -(멘토링 종료식 및 포상)

○ 개회사……추진팀장

○ 활동 격려 및 종료 축사……기관장

○ 멘토링 활동 실적보고(평가 포함)……추진팀

○ 외부인사 축사 및 멘토 인증서 전달……멘토링코리아 대표

○ 활동 우수자 시상……기관장

 　- 활동 우수쌍(상금 30 - 20 - 10만 원)

 　- 활동 우수 멘토(상금 30 - 20 - 10만 원)

 　- 활동 우수 수기(상금 30 - 20 - 10만 원)

○ 기념품 전달……기관장

○ 폐회사……추진팀장

■ 2부 - - - -(친목 및 다과회)

○ 식당에 다과 파티

제2장

12개월 운영방법

대부분 사람이 잘못된 선입견으로 멘토링이 1회성 단기적인 교육프로그램으로 인식하고 있다. 이 테마에서는 멘토링 활동이 과정(Process), 즉 중·장기적인 기간의 필요성과 특히 조직에서 최단기적으로 적용하는 12개월의 타당성과 구체적인 일정 그리고 예산편성을 다루었다.

오늘날 교회에 적용하는 멘토링의 특징은 도입을 원하는 조직에서 12개월 등 일정 기간을 필요로 하는 프로젝트(Project) 개념에서 활동목표에 따라 프로그램 필요하게 된다.

왜냐하면 교회에 적용하는 멘토링은 교회의 특성상 투자의 개념과 성과 측정 차원에서 평가가 뒤따르는 것이 필수적이기 때문에 체계적인 시스템으로 접근이 필요하기 때문이다

교회 개발용으로 체계적인 프로그램을 제도적 멘토링(Systematic Mentoring)이라 부르며 구체적으로 12개월 동안 준비과정, 도입과

정, 활동과정, 평가과정에 적용하는 프로그램을 말한다.

12개월은 우리 인생의 삶의 기본 단위로 멘토 / 멘제가 12개월 활동하는 것은 아주 자연스러운 기간이다.

12개월은 교회 조직에서 업무를 정리하고 평가하는 한 회계 기간으로 멘토링 활동도 조직경영의 틀 안에서 이뤄지므로 타당한 기간이다.

12개월은 교회에 지원 기간으로 특히 새 신자의 탈락률이 1년 내 가장 많은 것도 함께 고려한 기간이다.

12개월은 미팅 활동 최소 기간으로 교회 제도적 멘토링 프로그램으로 관리하고 기간이 종료하면 그 후 자유롭게 전통적 방식의 멘토링으로 전환하여 평생까지 가능하다.

12개월 동안에 멘토가 멘제를 성숙시켜 자신과 같은 멘토로 재생산하여 다음 기회의 멘토링에서 멘토로 함께 활동하는 것이 최상의 성공 멘토링이다.

일반 사회 결혼도 사전에 철저히 준비해서 독립 가정을 이루게 하듯이 멘토 / 멘제도 12개월 기간에 학습그룹과 운영그룹에서 책임 있게 지원하여 차후 성숙된 멘토링으로 유도하도록 한다.

1. 12개월 과정별 일정표

멘토링 프로젝트 운영 기간은 12개월을 모델로 하고 사전에 추진 준비 과정 3월, 그리고 교육과정, 활동과정, 평가과정 순서로 수행한다. 기업의 요청에 따라 6개월 / 9개월 / 12개월 등으로 적용할 수 있다.

구 분	예비1	예비2	예비3	실행1	2	3	4	5	6	7	8	9	10	11	12	1
추진과정																
1. 운영안 작성																
2. 매뉴얼 개발	□	□	□													
3. Semi On Line																
4. 주간 email 영상개발																
교육 과정																
1. 전문가 양성 과정				□												
2. 직분자 과정				□												
3. Workshop과정				□			□					□			□		
4. 보수교육과정				□												
5. 결연식 과정																
활동과정																
1. 그룹 – 계간활동						□			□			□			□	
2. 개인 – 주간활동				□	□	□	□	□	□	□	□	□	□	□	□	
3. 멘토 월간보고				□	□	□	□	□	□	□	□	□	□	□	□	
4. 멘제 월간보고				□	□	□	□	□	□	□	□	□	□	□	□	
5. 월간 현장 컨설팅				□	□	□	□	□	□	□	□	□	□	□	□	
평가과정																
1. 정성 / 정량평가																□
2. 멘토인증서						□			□			□			□	□
3. 우수자 포상																□
4. 종료식																□

2. 12개월 월별 일정표

교회개발용으로 적용되는 멘토링 프로그램은 4개 과정(4 – Process)
에 적용되는 추진과정, 교육과정, 활동과정, 평가과정으로 구분하여
12개월별로 구체적으로 운영계획을 현장에서 실행할 수 있는 내용
이다.

월 별	4개 과정(Process) 프로그램			
	추진과정 프로그램	교육과정 프로그램	활동과정 프로그램	평가과정 프로그램
준비 1월 준비 2월 준비 3월	매뉴얼 작성 환경분석 TFTeam구성 활동목표설정 동기부여설계 평가기준설계	전문가 양성 간부 특강		
실행 1월 실행 2월 실행 3월	T/G 결연식 월간 프로그램	도입 Workshop	주간 이메일 주간 개인미팅 계간 그룹미팅	
실행 4월 실행 5월 실행 6월	월간 프로그램	보수교육	주간 이메일 주간 개인미팅 계간 그룹미팅	중간평가
실행 7월 실행 8월 실행 9월	월간 프로그램	보수교육	주간 이메일 주간 개인미팅 계간 그룹미팅	중간평가
실행 10월 실행 11월 실행 12월	월간 프로그램	보수교육	주간 이메일 주간 개인미팅 계간 그룹미팅	중간평가
종료 1월	종료식			최종평가 멘토인증서

3. 12개월 예산편성표

◀ 경비산정기준: 멘토링 활동 인원 20쌍 - 40명 12개월

◀ 경비산정가격: 일반산정가격: 28,900,000원(부가세별도)

◀ 고객선택가격: 단위 1,000원

1) 교회의 주문형으로 과정별, 단가, 수량, 일정, 시간 등을 선택한다.

2) 교회가 총예산을 제시하면 저희가 맞게 예산 편성한다.

과 정	세부항목	단 위	단 가	일반견적가격		고객선택가격	
				수 량	가 격	수 량	가 격
추진 과정	운영안 개발	일(D)	300	6	1,800		
	매뉴얼 개발	일(D)	300	5	1,500		
	Semi On Line Cafe	세트 월(M)	3,000 500	1 12	별도		
	주간 이메일 학습	주(w)	50	52	2,600		
교육 과정	전문가 양성	시간(H)	40	20	800		
	현장 간부특강	시간(H)	300	2	600		
	현장 Workshop	시간(H)	300	16	4,800		
	현장 보수교육	시간(H)	300	6	1,800		
	멘토 / 티 결연식	일(D)	800	1	800		
	수강교재 100p	권(C)	20	40	800		
활동 과정	주간미팅 활동비	쌍/월(M)	50	12	자체		
	계간미팅 행사비	계간(S)	1,000	3	자체		
	월간 컨설팅출장	월(M)	800	12	9,600		
평가 과정	평가컨설팅출장	회	2,000	1	2,000		
	우수자 포상비	건	400	3	자체		
	멘토 인증서 수여	명(P)	20	20	400		
행정 경비	강사 출장 여비	명	200	4	800		
	행정서식 개발	건	100	6	600		
	부가가치세	10%					
합계(부가세 별도)					28,900		

제3장

12개월 행정양식

1. 결연식 및 종무식 양식

1) 프로그램 세부 진행 순서

- 업체상호:
- 결연일자:
- 결연장소:

1	개회사	순서담당자
2	멘토 / 멘제 선서 - 멘토 대표선서 - 멘제 대표선서	사회자 담임목사
3	격려사	담임목사
4	담임목사 선물 증정(도서 등) - 멘토 대표 - 멘제(여) 대표	담임목사
5	사진 촬영(담임목사와 함께) - 단체 사진 - 멘토 멘제 쌍별과 담임목사 사진	사회자 담임목사
6	축하만찬(아래에서 주최자 선택) - 뷔페급 식사 - 바비큐 파티 - 음료 파티	사회자

- 기타 참고사항
  1) 멘토, 멘제 선서는 멘토, 멘제 쌍단위의 대표가 아니고, 각각의 대표임.
  2) 담임목사의 선물은 도서, 결연식 후 멘토, 멘제 전원 배부
  3) 사진 촬영은 담임목사와 직접 하며, 나중에 액자에 넣어 전달할 것

2) 멘토/멘제 선서 양식

[공동체 선서]

저희는 멘토링 공동체 안에서 한 가족입니다. 상호 간 신뢰와 존경 관계를 유지하면서 멘토링 활동 12개월을 함께하겠습니다. 저희는 인격이 어떠하든지 끝까지 돕는 마음으로 상호 간 인간성장과 신앙성숙을 사명으로 알겠습니다.

저희는 제(1)회 멘토링 파트너로서 선정됨을 자랑스럽게 여기며 목사님과 동료 앞에서 다음과 같이 선서합니다.

* 멘토대표

하나, 저는 멘토의 역할을 소중히 여기며 멘제의 역할 모델로서 멘제의 성장을 위해 깊은 관심과 노력을 기울일 것을 다짐합니다.

* 멘제대표

둘, 저는 멘제로서 언제나 바른 생각과 겸손 마음으로 항상 모범이 되어 멘토로 성장하는 데 최선을 다하겠습니다.

* 멘토 / 멘제 대표

셋, 우리는 멘토링 활동 모임에 최우선을 두겠습니다.

넷, 우리는 미팅시간을 상호 성실히 지키겠습니다.

다섯, 우리는 멘토링 과정에서 알게 된 상호 간 비밀을 언제나 보호하겠습니다.

200 년   월   일

멘토대표: 서명

멘제대표: 서명

3) 멘토 / 멘제 활동 약정서

멘토링 활동약정은 멘토 / 멘제가 공동 활동하는 데 있어서 매우 가치 있는 도구입니다.

멘토링에 참여하는 모든 멘토 멘제들로 하여금 이 모임이 무엇을 하는 모임인가에 대해 공동관심사를 가질 수 있도록 도와줍니다.

멘토링 활동 개시 시점이나 기존 활동이 만기되었을 때, 멘토링 참여자들은 아래의 질문에 대하여 서로의 의견을 모을 수 있도록 잠시 시간을 할애해야 합니다. 모든 참여자들은 사전에 충분한 시간을 갖고 토론과정을 거쳐서 약정에 서명한다면 마음으로 동조하고 멘토링 활동의 나아갈 방향성을 결정하는 데 기여할 수 있다고 느끼게 될 것입니다.

[약정서]

1. 활동목적: 우리의 활동목적은 멘토링 활동을 통하여 상호 간 인간성 및 신앙성숙을 목적으로 한다.
2. 활동목표: 우리의 활동목표는 개인목표로 인격지수를 높이는 데와 회사목표로는 (새 신자 정착률 향상)을 목표로 한다.
   목표 예) 중보기도, 목표 예) 청소년개발, 예) 출석률 향상 등
3. 활동 기간: 우리의 활동 기간은 12개월로 한다(2009. 9. 1～ 2010. 8. 31.).
4. 미빙주기: 우리의 미팅주기는 주 1회로 한다.
5. 미팅시간: 우리의 미팅시간은 매회 1시간 내외로 한다. 특별한 경우는 상호 협의해서 장단을 결정한다.
6. 미팅장소: 우리의 미팅장소는 교회 내외 등을 불문하고 자유롭게 정한다.
7. 미팅소재: 우리의 미팅소재는 목적과 목표에 합당하게 정하되 교회 적합성 소재, 인간성 소재, 생산성 소재, 장래성 설계 소

재 등을 우선적으로 다룬다.

8. 활동규칙

1) 우선순위 – 우리들은 멘토링 활동모임에 우선을 둔다.

2) 참여의견 – 우리들은 미팅 시 자신의 의견을 말할 수 있고 모든 질문들이 존중되어야 한다.

3) 비밀유지 – 우리들은 모임에서 다른 내용을 외부에 보안을 유지한다.

4) 상호협력 – 우리는 특별 활동 프로그램을 계획 시 상호 충분히 논의 후 결정한다(봉사활동, 성경공부, 가정방문, 체력단련 등).

약정일: 200 년   월   일

멘토: 서명

멘제: 서명

4) 종료식 프로그램 세부 진행 순서

업체상호:

종료일자:

행사장소:

1	* 폐회사 지금부터 멘토 / 멘제 활동 종료식을 거행하겠습니다.	사회자
2	* CEO 축사 멘토 / 멘제 6개월 수고 감안한 축사와 향후 멘토링 추진 방안	CEO
3	* 실적보고 1) 개인역량 및 업무 숙달률 2) 그룹정량 및 정성평가 실적	멘토링 TFTeam장
4	* 표창 및 상금전달 1) 우수 멘토 1~3등 2) 우수멘토링쌍 1~3쌍 3) 활동 수기(手記) 작성 우수상 4) 멘토링 활동 공로자 5) 멘토 인증서 전달	CEO
5	* 우수자 및 쌍별 발표 수상자 중에서 선발	사회자
6	* 종료 기념 친목 만찬	사회자

2. 평가진단 도구

1) 정성평가: 개인 만족도 평가

멘토링 활동은 멘토 / 멘제의 개인 활동이 우선하고 참여자의 개인 만족도의 여하에 따라 조직 만족도가 좌우되므로 개인 인간성 평가가 우선된다.

- 평가 명칭: 정성평가, 개인 만족도 평가
- 평가 방법: 4가지 만족도 진단도구를 사용하여 평가한다.
- 평가 참여: 멘토 / 멘제
- 평가 시점: 멘토링 활동 마감 즉시

구 분	번 호	진단도구	5	4	3	2	1
업 무	1	현재담당 사역에 만족도 여부					
	2	교역자와 업무처리 협조 여부					
	3	담당업무 처리절차를 알고 있는 정도					
	4	타 부서 기관과 사역협조 여부					
	5	금번 멘토링을 통해 사역숙달 정도					
활 동	1	활동 기간 만족도 여부					
	2	멘토/멘제 서로 활동 만족도 여부					
	3	미팅 활동이 유익 여부					
	4	얼마나 개인 신앙성장 여부					
	5	멘토링 활동에 다시 참가 여부					
관 계	1	멘토/멘제 서로 관계 만족도 여부					
	2	교회의 교역자와 관계 만족도 여부					
	3	교회의 동료와 관계 만족도 여부					
	4	가정식구들과 관계 만족도 여부					
	5	사회 접촉사람과 관계 만족도 여부					
조 직	1	우리 교회의 인간존중 만족도 여부					
	2	내가 신뢰받고 있는 만족도 여부					
	3	목회 방침에 만족도 여부					
	4	교회제도의 만족도 여부					
	5	담임목사 리더십에 만족도 여부					

2) 정량평가: 조직 효율성 평가

조직에 적용되는 제도적 멘토링은 인간성 바탕 위에 생산성 효과를 얻는 게 목적이다.

특히 정량평가 기준은 목회 생산 효율성을 기반으로 하는 게 원칙이다.

- 평가 명칭: 정량평가 교회의 효율성 평가
- 평가 방법: 5가지 효율성 평가 지수에 의거하여 금번 해당되는
  항목을 적용한다.

- 평가 주관: 멘토링 전문가와 전문 컨설턴트
- 평가 시점: 멘토링 활동 마감 즉시

정량평가 효율성 평가 기준

구 분	평가방법		효율성(%)
유지율	목적: 멘토 / 멘제 쌍별로 제대로 유지되고 있는가?		
	산식: 현재 쌍 / 당초 쌍×100		
정착률	목적: 새 신자의 정착이 제대로 되고 있는가?		
	산식: 현재 멘제 수 / 당초 멘제 수×100		
참여율	목적: 멘토 / 멘제가 행사나 교육 참여 잘하는가?		
	산식: 참석인원 / 총인원×100		
숙달률	목적: 금번 멘토링 기간에 업무 숙달되었는가?		
	산식: 금번숙달 기간 / 정상으로 걸리는 기간×100		
회수율	목적: 투자자금이 수익적 회수 성과가 있는가?		
	산식: 회수자금 / 투자자금×100		
	회수자금 산출에 참고사항 1. 전년보다 추가 정착 신입직원×월평균 보수액 2. 멘제 업무 조기숙달 기간×월평균 보수액		

3) 모니터링 평가도구

멘토링 활동이 진행되는 동안 또는 종료 후에, 반드시 그 활동 성과를 모니터링하는 작업이 필요하다.

다음과 같은 정성적 설문을 통해 멘토와 멘제가 느낀 멘토링 활동의 효과성을 분석해 볼 수 있다. 진단 결과는 서로에게 피드백을 해 주거나, 멘토링 관계자들이 모두 참석하여 토론하는 데 활용할 수 있다.

설문내용	답 변
1. 만남의 양과 질 - Meeting 1) 주로 언제, 어떤 상황에서 만났습니까? 2) 일반적으로 만나서 무엇에 대해 이야기를 했습니까? 3) 현재 어떤 목적을 위해 만나고 있습니까?	
2. 상호관계 - Relationship 1) 상호 관계를 맺어 활동하면서 특별히 좋았던 점은? 2) 지금까지 관계를 유지하면서 가장 큰 어려움은 무엇이었습니까? 3) 멘토링 관계를 향상시키기 위해 좀 더 필요한 것이 있다면?	
3. 업무의 효과성 - Learning 1) 서로에 대해 어떤 점을 배웠습니까? 2) 서로에 대한 사역 능력을 향상하는 요건으로는 어떤 것들이 있었습니까? 3) 멘제는 사역 능력 향상률을 몇 %로 볼 수 있습니까?	
4. 멘토 / 멘제 신뢰성 - Integrating 1) 우리의 연결은 상호 욕구를 충족시키고 있다. 2) 우리는 서로 정기적으로 만난다. 3) 우리는 미팅시간을 효과적으로 활용하고 있다. 4) 우리가 무엇을 할 것인가에 대해 명확히 알고 있다. 5) 우리는 상호 하는 말을 정확히 이해하고 있다	불만족 - 만족 1 2 3 4 5 1 2 3 4 5 1 2 3 4 5 1 2 3 4 5 1 2 3 4 5

4) 멘토링 활동 전반 대한 질문

1. 당신이 멘토링 활동 기간 중 멘제와 몇 회 만났습니까?

   1) 직접미팅: 총   회   2) 전화 및 기타 면담: 총   회

2. 당신이 멘제를 만날 때 1회에 소비된 평균 시간은 어느 정도였나요?

   0.5시간( ) 1시간( ) 1.5시간( ) 2시간( ) 2.5시간( )

3. 당신이 멘제를 만나 주로 한 미팅 소재는 무엇입니까?

   1) 봉사상담 2) 진로상담 3) 성경공부 4) 사역지도

   5) 부서 및 조직운영   6) 친목교제

4. 당신이 주로 진행한 활동에 대해 만족하십니까?

   매우 만족 - - -1 2 3 4 5 - - - 매우 만족하지 않음

5. 멘토링 활동을 진행하면서 멘제와 관계가 좋아졌습니까?

　매우 좋아짐 - - - 1　2　3　4　5 - - - 좋아지지 않음

6. 멘토링 활동이 가장 유익했다고 생각되는 점은 무엇입니까?

　1) 개인성장　　　2) 관계개선　　　3) 타인배려

　4) 사역능력향상　　5) 애교회심

7. 멘토링 활동 중 가장 어려웠던 점은 무엇입니까?

　1) 활동비　　　　2) 시간활애　　　3) 일상업무에 지장

　4) 여가활동 못 한 점　　　5) 멘제와 관계

8. 앞으로 멘토링 활동에 다시 할 의향이 있습니까?

　매우 그렇다 - - - 1　2　3　4　5 - - - 매우 그렇지 않다

3. 멘토링 운영 행정양식

1) 멘토 지원서(Mentor Application)

성명:　　　　　부서:　　　　　소속장:

전화:　　　　　HP:　　　　　이메일:

지원동기:

멘제에게 도움 줄 수 있는 요건:
1. 멘토링 수강경력
2. 전공과목
3. 자격증 및 지적 재산권 등
4. 직장에서 전문 분야 및 핵심역량
5. 기타 특기

교육사항

학교/기관	학위/자격증	졸업

기타(교육/경험 등)

상기와 같이 지원합니다.
200　　년　　　월　　　일
지원자 성명: 서명

최종결정: 멘토링운영위원장

최종심사결과를 아래와 같이 발표한다.
가함(　) 다음 기회 재심(　　　) 유보함(　)
멘토링운영위원장 성명: 서명

---

2) 멘제 지원서(Menger Application)

성명:　　　　　부서:　　　　　소속장:

전화:　　　　　HP:　　　　　이메일:

지원동기:

멘토에게 얻고자 하는 내용

멘토에게 도움 줄 수 있는 요건:
1. 멘토링 수강 경력
2. 전공과목
3. 자격증 및 지적 재산권 등
4. 직장에서 전문 분야 및 핵심역량
5. 기타 특기

기타 사항:

상기와 같이 지원합니다.

200　　년　　　　월　　　　일
지원자 성명: 서명

종결정: 멘토링운영위원장

최종심사결과를 아래와 같이 발표한다

가함(　) 다음 기회 재심(　) 유보함(　)
멘토링운영위원장 성명: 서명

---

3) 멘토 월간 보고서(Mentor Report)

구 분	성 명	소 속		정기미팅요일	결연일	성격 유형
		부 서	팀			
Mentor						
Menger						

미팅 횟수	월일 장소		소재 내용	비고	
1차 미팅	월일	장소	1 2 3 * 다음 소재:		
2차 미팅	월일	장소	1 2 3 * 다음 소재		
3차 미팅	월일	장소	1 2 3 * 다음 소재		
4차 미팅	월일	장소	1 2 3 * 다음 소재		
5차 미팅	월일	장소	1 2 3 * 다음 소재		

* 멘토/멘제 관계보고　　　　좋음 - - 5　　4　　3　　2　　1 - - 안 좋음
* 발생된 문제점은?
* 기타보고 사항
* 활동비 정산
- 총사용 금액(　　　) - 증빙서 보완금액(　　　) - 증빙서 불비금액(　　　)

4) 멘제 계간 보고서

멘토가 된 후에는 자기중심인 이기주의에서 타인중심인 이타주의로 혁신적인 삶의 변화가 강력히 요구된다. 멘토는 멘제의 전인적인 삶의 조언자다.

(1) 의미 – 멘토가 멘제에 대하여 얼마나 영향력을 발휘했는가를 평가하는 데 의미가 있다.

(2) 목적 – 멘토의 목표의식, 책임의식, 자부심을 고취하여 성공률을 높이는 데 목적이 있다.

(3) 내용 – 멘토의 전인적인 분야로 전문적인 면, 정서적인 면, 의지적인 면을 내용으로 한다.

(4) 방법 – 모니터의 주관으로 멘제가 자기 멘토를 무기명으로 [평가 진단도구]에 의해 평가한다.

(5) 적용 – 평가 결과치에 의거하여 40점 미만 경우에는 보수교육, 20점 미만은 모니터 면담 등으로 보완한다.

구 분		멘토의 전인적 서비스의 평가 진단도구	5	4	3	2	1
전문 분야	지식기술	성경지식과 체험신앙 이전이 잘되고 있다.					
	사역지원	사역지원이 잘되어 사역이 숙달되고 있다.					
	노하우	노하우를 제대로 얻을 수 있는 계기다.					
	정보공유	가치 있는 정보공유가 잘되고 있다.					
	경력개발	경력개발에 큰 도움이 되고 있다.					
정서 분야	정서향상	친목미팅 등 정서 활동에 도움이 되고 있다.					
	타인배려	어려운 일 처리에 많은 도움받고 있다.					
	건강향상	정신 및 신체 건강 증진에 도움된다.					
	관계촉진	상호 간 멘토링 활동 미팅을 자주 한다.					
	심리차원	상담과 대화를 통해 감사의 마음이 생긴다.					
의지 분야	의지결단	리더로 성장하고 싶은 의욕이 강하다.					
	윤리의식	선과 악의 구분을 분명하게 한다.					
	절제관리	혈기 등 본능적인 면에서 절제가 잘된다.					
	목표의식	생애목표 및 업무 목표설정에 도움이 된다.					
	리더역할	멘토를 모델로 차후 나도 멘토가 되고 싶다.					
합계점수							

평가기준	탁월멘토 71~75	우수멘토 61~70	보통멘토 41~60	보완멘토 21~40	미달멘토 01~20
득점평균					
차후대안	포상대상	OK	OK	보수교육	모니터면담

5) 모니터 수시 보고서(Monitor Report)

구 분	Mentor에 관한 사항	Menger에 관한 사항
인적사항	성명: 생년월일: 부서: 직책: 주요 특기사항:	성명: 생년월일: 부서: 직책: 주요 특기사항:
성격문제		
현재상태		
예상문제점		
해결방안		
실적	1. 수시평가 2. 중간평가 3. 결과평가	

6) Mentoring Plan(Mentor / Menger)

멘토 / 멘제 실천계획서(Braingame)
작성일자:
멘토: 사인
멘제: 사인

개발소재	현재지수	진행 중인 사항	지원사항	진행 완료일	다음 진행사항
마음지수 1 2 3					
지식지수 1 2 3					
건강지수 1 2 3					
관리지수 1 2 3					
관계지수 1 2 3					

7) 멘토 자생력 진단도구

멘토링의 최종단계는 성과단계로 멘토가 멘제를 자기와 같은 멘토로 재생산(Reproducting)하는 것이다.

멘토나 멘제가 멘토라는 리더로 성장하고 특히 아래 멘토의 자질 테스트로 3가지 활동의식이 필수적이다.

1. 소명의식(Calling) - 멘토로서 부르심과 자부심, 책임의식의 성

과 테스트다.

2. 사명의식(Mission) – 멘토로서 멘제를 위하여 감성적인 활동 성
   과 테스트다.

3. 창의의식(Creativity) – 멘토로서 멘제가 목표 달성할 수 있도록
   성과 테스트다.

* 멘토 자기진단 측정 척도

채점방법: 1점＝거의 2점－드물게 3점＝간혹 4점＝대부분 5점
          ＝언제나

유의사항: 본 진단은 자기진단임으로 타인을 의식할 필요는 없
          다. 멘토 자신의 자생력을 개발하는 기준 자료다.

번 호	구 분	멘토 자생력(Selfscored) 진단도구	점 수
1		멘제와 신앙 체험 나누고 궁금해하는 점을 설명해 준 적이 있다.	
2	소명의식	내가 속해 있는 교회에 만족하며 다른 이에게도 권할 의향이 있다.	
3		교회의 구성원이 된 것에 감사하고 있으며, 멘토가 된 것도 나에게 주어진 사명이라고 생각한다.	
4		자신의 가족을 멘제에게 소개하고 식사를 함께한 적이 있다.	
5		멘제의 애경사에 관심을 갖고 참석한다.	
6	사명의식	멘제에게 힘겨운 일이 생겼을 때, 나는 그가 찾아올 수 있는 평안한 사람이라고 생각한다.	
7		멘제가 관심을 보이는 자선단체나 봉사활동에 대해 조언을 해 줄 수 있을 정도의 지식을 갖고 있다.	
8		멘제가 최근에 했던 고민을 알고 해결을 위해 노력하고 있다.	
9	창의의식	멘제에게 학회 출판 자료나 전문서적 구입을 권한다.	
10		가끔 교회 밖으로 나가서 그들과 함께 유익한 문화생활을 한다.	
소 계			

Part 8

교회멘토링 경쟁력강화 프로젝트

한 세기만에 세계에서 유례를 찾아볼 수 없는 대부흥을 이룬 한국 교회가 오늘날 덩치는 커졌는데 왜 제 역할을 못 하고 있는가? 이에 대한 현 상황을 점검하고 문제가 무엇인가를 찾아 멘토링 기법으로 희망을 살리는 데 힘을 보태는 심정으로 이 희망찬 멘토링 프로젝트를 2010년부터 추진하고자 한다.

교회 멘토링 프로젝트 목적은 먼저 목회자의 인격을 강하게 요구하며 본 프로그램은 목회자의 인격개발과 역량개발 기술까지 동원하고 있다. 그 다음 평신도를 크리스천 리더로 개발하여 목회의 한 축을 담당하여 평신도와 균형(Balance) 목회를 제공하고 특히 교회의 Off Line과 On Line 통합시스템으로 21세기 양적, 질적, 영적 경쟁력을 확보하여 희망찬 교회를 만드는 목회 전략에 도움을 주고자 하는 것이다.

Episode ◀ 꿈의 크기

어떤 낚시꾼이 낚시를 하고 있었다.

낚시꾼은 오른손에 낚싯대를 들고 왼손에는 25cm짜리 자를 들고 있었다.

낚시꾼은 고기를 잡을 때마다 왼손에 들고 있던 자로 물고기 길이를 재보았다. 고기가 자의 길이보다 크면 버리고 작으면 그릇에 담았다. 곁에서 이를 지켜보던 사람이 이상하게 여겨 왜 그러느냐고 묻자 낚시꾼은

"우리 집 프라이팬은 지름이 25cm입니다. 프라이팬보다 더 큰 것은 볶아먹을 수 없어서요."라고 대답했다.

나를 25cm의 사람으로 만드는 것은 내 생각일 뿐이다.

'나는 이 정도의 사람일 거야.'라고 하는 생각! 우리는 그것을 무너뜨려야 한다.

누구도 당신의 허락 없이는 당신의 꿈의 크기를 제한할 수 없다.

1장 희망을 잃어가는 한국교회

2장 희망찬 교회 멘토링 프로젝트

3장 멘토링 프로젝트 운영 Team

교회 멘토링 프로젝트 로드맵

희망 잃고 있는 한국 교회 현상파악

↓

멘토링 희망프로젝트
1. 목회자 역량 개발 2. 평신도 리더십 개발 3. 청소년 인재 개발

↓

교회 경쟁력 강화

↓

희망찬 한국교회

제1장

희망을 잃어가는 한국 교회

1. 한국 교회 희망을 잃어가고 있는가

1990년 이후 한국 교회는 성장을 멈추고 쇠퇴해 가는 현상으로 "결국에는 영국을 비롯해서 유럽의 교회 같은 희망을 잃어버린 교회로 전락하고 있는가?"라고 각계에서 우려의 목소리가 높아지고 있다.

[전체 인구대비 연도별 종교인구비율(%)]

- 통계청 종교인구통계 1999 / 2003 / 2005 대비

연 도	종교인구	불 교	기독교	천주교	유 교	원불교	기 타	무 교
1999	53.6	49.1	34.8	13.0	1.3	0.3	1.5	46.4
2003	53.9	47.0	36.8	13.7	0.7	0.4	1.4	46.1
2005	53.1	43.0	34.5	20.6	0.4	0.5	1.0	46.5

초창기 기독교는 삼일 독립 운동을 주도(33인 중 16명 순교 14

명)하는 등 민족을 대표하는 애국종교로서 사회에 대한 영향력이 지대하였는데 최근 천주교, 불교 다음으로 현저하게 영향력이 밀리는 처지에 놓이게 되었다.

급기야 2007년 샘물교회 아프간 선교팀이 피랍당하자 전 국민은 기다렸다는 듯이 기독교를 향하여 무자비하게 돌팔매질을 퍼부었다. 속담에 "열 사람의 친구보다 한 사람의 적을 만들지 말라." 했는데 이제 기독교는 힘겹게도 안티 전 국민을 상대해야 하는 처지를 맞게 되었다.

[비기독교인이 기독교인에 대한 호감도? 469명 설문통계]

- 합동총회교육국 2009. 09. 30. 최근자료

- 비우호적이다 - 54.7%

- 우호적이다 - 7.2%

* 비호감자료가 호감도 자료보다 8배나 되는 것으로 심각한 상황이다.

한완상 교수는 그의 저서 "예수 없는 예수교회(김영사 2008 pp.135~136)"에서 국민으로부터 종교별로 버림받은 통계자료를 아래와 같이 발표했다.

- 개신교 - 56%

- 불교 - 20%

- 천주교 - 18%

* 버림받은 통교를 보면 놀랍게도 개신교가 가장 많다. 한마디로 한국개신교는 가장 인기 없는 종교로 전락되고 만 듯하다.

이제는 교계 내부적으로도 한국교회는 사대교회와 같다(옥한흠 목사 - 100주년 선교대회 설교)라는 혹독한 비평을 가하게 되는 현실에서 세계 유례를 찾을 수 없는 한 세기 만에 대부흥을 이룬 한국 교회가 이제 벌써 희망보다는 우려의 목소리가 교계 내외부에서 울려 나오고 있는 부끄러운 상황을 맞게 된 것이다.

2. 한국 교회 무엇이 문제인가

오늘날 목회자가 질적인 성장보다는 양적인 성장에 치우치고 고품질의 성도보다 는 저품질의 교인만을 양성하고 초창기 성장전략인 기복신앙, 헝그리 신앙 스타일을 벗지 못하고 계속 설교 중심의 하이테크적인 원맨(One Man) 목회로 평신도와 역할 균형을 이루지 못한 점이 문제를 야기하고 있다.

목회자가 믿음을 바겐세일하고 있다. 목회자들이 편리한 방법으로 정규적인 과정을 생략한 채 단기과정으로 성도나 제자라는 고품질보다 저품질의 교인(교인 – 성도 – 제자)을 양산함으로 이러한 교인들이 삶의 도처에서 본질적인 신앙생활보다는 외형적인 형식에 위주인 저품질의 신앙생활이 문제를 야기하고 있다.

목회자가 초창기의 기복신앙, 헝그리 목회 스타일을 벗어나지 못하고 있어 기독교의 정체성(예수님의 인격과 교훈을 중심으로 한 삶)을 흐리게 하는 반면 신앙의 본질인 영적 내세성(來世性)을 등한시하고 물적 축복인 현실성(現實性)만 강조하다 보니 반쪽 신앙의 범주에서 신앙지도가 이뤄짐으로 결국 물적 위주로 하는 사회기업이나 복지단체와의 차별화가 불분명하게 되어 목회자 스스로가 부메랑 현상에 피해를 입게 되는 상황을 맞고 있는 것이다.

목회자가 설교를 중심으로 하는 지성적인 하이테크(Highteh)목회 중심으로 이론을 앞세우다 보니 정서 분야의 결함으로 삶의 현장에서 이원론적인 문제가 발생하고 특히 평신도의 역할을 제대로 균형 있게 활용할 기회를 놓치므로 결국 목회자의 원맨쇼(One Man Show)가 귀중한 평신도의 교회 인적 자원을 상실하고 있는 것이다.

목회자가 역할의 본질에서 벗어나 정치, 재물, 이성, 명예 등 목회윤리에 크게 어긋나는 생활과 특히 대형사고마다 교회직분자가 관여한 사실이 언론에 보도됨으로 국민들로부터 조소거리와 결국 기독교 자체가 식상하게 되었고 국민들에게 안티 기독교를 만드는 기폭제가 되어 전도의 문이 막히는 역할을 톡톡히 하고 있는 것이다.

3. 지금보다 미래가 더 위험하다

현재 교회 내외의 상황을 종합해 볼 때 기독교인들이 지금 느끼는 위기의식보다는 미래에 더 큰 위기가 닥칠 것이라고 예측된다. 앞의 상황을 기준으로 본다면 첫째, 그리스도인은 그의 삶의 정황이 그리스도에게 속한 부분보다 세속적인 부분에 많이 속하여 있는 것으로 나타난다. 두 번째로 그리스도인과 교회의 삶의 위치가 그리스도와 세상 가운데 불안하게 놓여 있으며, 그 정체성이 기독교인을 포함한 많은 사람들의 공감을 얻지 못하고 있다. 구체적 사항을 예측하면 다음과 같다.

첫째, 믿음의 단절이 우려된다. 그러므로 다음 세대에 대한 올바른 정체성 확립과 교육적 투자에 과감하게 행사하되 행사적 지원이 아닌 신앙의 기초를 세우는 일에 관심을 기울여야 할 것으로 판단된다.

둘째, 기독교 정체성의 변질이 심각하게 우려된다. 정체성(Identity)은 한 번 형성되면 영원히 유지되는 것이 아니라 끊임없이 변화하고 대화하는 것이다. 즉 새롭게 변할 수 있으며, 또 다르게 형성(Formation)될 수 있다는 것이다. 문제는 '그 정체성'이 '긍정적인 자아상'으로 형성되느냐 '부정적 자아상'으로 형성되느냐 하는 것이다.

셋째, 교회 내 세대 간 신앙관과 가치관의 양극화가 우려된다. 교회 어른들은 젊은이들이 마음에 안 든다고 단순히 믿음이 없는 것으로 치부하지 말고, 그 심리적 배경을 이해할 필요가 있을 것이다. 즉 교회 각 세대 간의 생물학적 성숙과정에 따르는 연령효과(Age Effect)와 함께 역사적 사건이나 사회화 경험에 의해 빚어지는 코호트 효과(Cohort Effect: 동시대 출생집단 효과)가 작용했는지 알아 그들을 알고 지도해야 할 것이다. 그러지 않으면 충돌이 일어날 것이며 그 속에서 교회를 떠나는 사람들이 속출할 수도 있기 때문이다. 이러한 바탕에서 신앙을 구체적 삶으로 세우는 교회교육과 훈련이 특히 젊은 세대에게 있어야 할 것으로 판단된다.

넷째, 교회문의 폐쇄화가 심히 우려된다. 지금 세계는 정보화와 다문화로 정체성의 변화가 다차원으로 진행되고 있다. 교회나 기독교인 스스로 여기에 효과적으로 대처하지 못한다면 교회는 사회적 공감대를 상실한 가운데 항상 '그들만의 잔치'로 인식될 우려가 있다. 그러므로 개인적으로나, 지역의 공동체적으로나, 한국 교회의 전체적으로 이웃과 사회의 소통을 위하여 많은 노력을 기울여야 할 것으로 판단된다.

4. 대안은 정체성이 확립된 인재개발이다

오늘날 위기 극복은 일차로 목회자들이 먼저 상실된 정체성을 회복하고 스스로 윤리와 도덕, 언행일치의 삶의 모델, 즉 멘토로서의 행동과 삶이 이루어져야 한다. 그 후로 평신도와 미래 주인공인 청소년에게 올바른 정체성을 주지시켜야 하며 특히 지금까지 머리와 지성을 중심으로 하는 교육적 방법이 아닌, 가슴과 인격을 중심으로 하는 삶의 방법으로 인재개발을 서둘러야 한다. 교회를 키우는 것은 교회의 현재를 보장하지만 사람을 키우는 것은 교회의 미래를 보장한다. "그리스도 안에 일만 스승이 있으되 아버지는 많지 아니하니 그리스도 예수 안에서 내가 복음으로써 너희를 낳았음이라(고전 4:15)."

멘토링코리아는 국내 최초로 멘토링전문 업체를 설립하여10여 년 동안 기업, 학교, 대학, 공공기관 등 150여 곳에 교육과 컨설팅을 수행하여 왔다. 초창기 때부터 교회 멘토링의 필요성을 인식하고 그동안 준비를 거듭하여 금년 초부터 먼저 책자와 참고 자료를 발간하고 추진 조직을 구성하고 2010년부터 [희망찬 교회 만들기 멘토링 프로젝트]로 그동안 노하우를 살려 실행에 옮기고자 한다.

교회 멘토링의 이념은 예수님의 인격과 교훈을 실현하는 데 있다. 이는 바로 기독교의 정체성을 확립하는 것이다. 그러나 여기에 머무르지 않고 목회 현장에서 멘토를 사역리더로 세워 예수님을 모델로 하는 인격적인 삶을 실행할 수 있도록 체계적인 멘토링 프로그램을 제공할 것이다.

우선 교회 멘토링의 핵심주제로 예수님의 인격과 교훈을 실행 프로그램으로 설정한 멘토링 8가지 실행지침을 아래 내용으로 선보인다.

[예수님의 멘토링 8가지 실행지침]

성경 마태복음 18장12절 – 14절

너희 생각에는 어떠하냐? 만일 어떤 사람이 양 백 마리가 있는데 그중에 하나가 길을 잃었으면 그 아흔아홉 마리를 산에 두고 가서 길 잃은 양을 찾지 않겠느냐? 진실로 너희에게 이르노니 만일 찾으면 길을 잃지 아니한 아흔아홉 마리보다 이것을 더 기뻐하리라.

지침 1. 소수선택법(Selecting): (눅 6:13 – 그중에 열둘을 택하여)

지침 2. 함께 지내기법(Associating): (마 28:20 – 내가 너희와 함께 있으니라)

지침 3. 성별하기법(Consecrating): (행 11:26 「그리스도인」이라 불리기 시작한 것은)

지침 4. 자신을 주는 법(Imparting): (요 15:13 – 사람이 친구를 위하여 그 목숨을 버리면)

지침 5. 본보기법(Modeling): (요 13:15 – 내가 너희에게…… 본을 보였느니라)

지침 6. 위임하기법(Delegating): (마 4:19 – 내가 너희를 사람을 낚는 어부가 되게 하리라)

지침 7. 모니터링법(Monitoring): (막 8:17 – 아직도…… 깨닫지 못하느냐?)

지침 8. 능력부여법(Empowering): (요 15:16 – 너희로 가서 과실을 맺게 하고)

제2장

희망찬 교회 멘토링 프로젝트

[멘토링의 개념]

멘토링의 주제(Theme)는 인간(a Person), 내용(Contents)은 인격(Character), 그리고 목적(Purpose)은 리더(Leadering)개발이다. 그러므로 멘토링은 인간을 기술자로 만드는 것이 아니고 기술자를 인간으로 만드는 것이다. 구체적으로 목회자, 교육자, 경영자, 기술자가 되기 전에 인격을 갖춘 리더를 요구하는 것이다. 우리는 경영현장에서 가끔 사람 나고 돈 났냐? 돈 나고 사람 났냐라고 서로 다른 의견을 말하곤 한다. 재미있게도 이것에 답을 준 것으로 최인호 저서인 상도(商道)에서 "장사는 돈을 남기는 것이 아니라 사람을 남기는 것"이라고 답을 주었을 때 많은 경영자가 공감했던 것이다.

[멘토링 파노라마]

인류 역사 이래로 오늘날까지 멘토링은 인간의 관계본능 지향으로 사회 구석구석에 자리 잡아 왔는데 이와 같이 개인 간 만남과 헤어짐이 자유롭게 이루어지는 형태를 전통적 멘토링(Typical Mentoring)이라 부른다. 이러한 멘토링 프로그램은 미래에도 인간이 존속하는 한 널리 활용될 것으로 예견한다.

멘토링 및 후견인제도가 역사의 흐름 속에서 발전적으로 체계와 철학을 정립하게 되는데 저자는 여기에서 두 가지의 면에서 검토한바 그의 한편은 유대나라를 중심으로 한 잔닥(Zantak)제도로 오늘날 유대인의 랍비와 천주교 대부제도로 전승되어 왔고, 다른 한편은 그리스를 중심으로 발전한 멘토(Mentor)제도로 오늘날 유럽 및 북미 지역에서 멘토제도로 전승되어 온 것을 다음과 같이 더 붙여 소개하고자 한다.

1) 잔닥제도(Zantak System)

기독교 신앙의 본산지인 유대나라의 히브리 문화권에서 구약 모세(B.C. 14C) 오경에서 남자 아이 출생 8일 만에 하나님과 약속한 할례(창 17:10~27)(음경 포피 수술) 시술 장면이 나오는데 이때 아버지, 모헬(의사), 잔닥(Zantak)이 함께하고 그중 잔닥이 아이를 껴안고 그 후에는 신앙생활과 사회생활지도를 맞게 되는데 오늘날 유대인의 랍비와 천주교의 대부제도가 그 그림자라고 볼 수 있다.

2) 멘토제도(Mentor System)

서양철학의 본산지인 그리스나라의 헬라 문화권에서 호머의 그리스 신화에 멘토(Mentor)가 첫 등장하게 되는데 이타카 왕의 오디세우스가 트로이전쟁(BC 1250)에 출정하게 되면서 어린 텔레마코스 왕자를 친구인 멘토에 맡겼는데 그 후 귀향하기까지 20년 동안 왕자를 지혜롭고 훌륭한 왕으로 성장시켰다는 데서 기인하며 오늘날 유럽의 길드, 도제, 마이스터, 북미의 청소년 BBS 멘토제도로 전승되었다고 볼 수 있다.

3) 제도적 멘토링(Systematic Mentoring)

오늘날 조직개발용으로 체계 있게 프로그램을 갖춘 제도적 멘토링은 1970년대 북미지역의 Bobb Biehl(美 MGI대표), Levinson 교수(예일대), Loche 교수(하버드대), William Gray 교수(加 브리티시대), Howard Hendricks(댈러스신학교)에 의하여 열정적으로 기업, 학교, 교회, 공공기관 등 조직개발 프로그램을 개발하면서 맥킨지 컨설팅그룹, GE그룹 등에서 모범적으로 앞장서서 실행함으로 조직에서 제도적으로 정착을 이루었다고 볼 수 있다.

4) 한국적 멘토링(Korean Mentoring)

국내에 멘토링이 도입된 지는 약 30년 전으로 볼 수 있다. 주로 멘토링을 체험한 유학파 교수들이 귀국하면서, 한편으로는 교회를 중심으로 네비게이토 선교사들이 1:1성경공부 형태로 부분적으로 도입이 이루어졌다고 볼 수 있다.

국내에 체계적이고 전문적으로 종합프로그램 도입이 시도된 것은 저자의 멘토링코리아 설립(1998. 2. 1.)이 시발이 되어 탁충실 위원, 민홍기 박사, 김영회 박사, 최창호 박사, 박건 목사 등으로 전문연구팀이 구성되어 연구활동이 시작된 시점부터라고 볼 수 있다.

이 연구팀은 초창기부터 두 가지 면에 관심을 집중하게 되었는데 1) 한국정서에 맞는 멘토링, 그리고 2) 생산성 효과를 창출할 수 있는 한국적 멘토링에 집중 연구하여 체계적인 종합 프로그램을 개발하여 오늘에 이르게 된 것이다.

5) Diamond Mentoring

저자는 10여 년을 멘토링 연구에 전념하면서 멘토링 최적의 프로그램개발 프로젝트명을 상징적으로 Diamond Mentoring으로 설정하였다. On / Off Line 통합시스템을 갖춰 현재 시행 중인 On Line Cyber교육을 기본으로 각 기업, 학교, 대학, 교회, 공공기관, 청소년 단체, 복지재단 등 조직별로 저비용 고효율로 생산성 효과와, 양적, 질적, 영적, 성과적 경쟁력 강화에 기여할 것이다.

[교회 멘토링 프로젝트의 목적]

교회에서 멘토링 목적은 먼저 목회자의 인격을 강하게 요구하며 본 프로그램은 목회자의 인격개발과 역량개발 기술까지 동원하고 있다. 그 다음 평신도를 크리스천 리더로 개발하여 목회의 한 축을 담당하여 평신도와 균형(Balance) 목회를 제공하고 특히 교회의 Off

Line과 On Line 통합시스템으로 21c 양적, 질적, 영적 경쟁력을 확보하여 희망찬 교회를 만드는 목회 전략에 도움을 주고자 하는 것이다.

1) 선후배 목회역량 시너지

선배와 후배가 1:1로 인간관계를 맺고 더욱더 목회 역량 개발과 시너지를 창출하고자 한다.

2) 교회 경쟁력 강화

On Line / Off Line 통합 시스템으로 시간적, 공간적, 관리적 제한을 벗어나 교회 경쟁력을 강화하고자 한다.

3) 목회 생산성 확보

오늘날 물적 자원의 풍요로움에서 낭비를 제거하고 예산의 효과적인 투자로 저비용 고효율의 목회 생산성을 확보하고자 한다.

4) 평신도 사역자리더 개발

멘토링 활동에서 양적(Quanity), 질적(Quality), 영적(Spiritual) 분야에서 인간성 바탕 위에 평신도를 사역자 리더로 개발하고자 한다.

개발 대상	개발 프로그램	비 고
목회자개발원	멘토와 1:1 역량개발 프로그램	On Line System
	멘토 리더십 개발 프로그램	Off Line
	인간존중 개발 프로그램	Off Line
평신도 개발원	멘토와 1:1 사역리더 개발 프로그램	On / Off Line
	멘토 리더십 개발 프로그램	Off Line
	인격개발 프로그램	Off Line
청소년 개발원	멘토와 1:1 인재개발 프로그램	Camp / On Line
	인격개발 프로그램	Off Line
교회 경쟁력 개발원	양적(量的) 경쟁력 개발	Off Line System On Line System
	실적(質的) 경쟁력 개발	
	영적(靈的) 경쟁력 개발	

프로젝트 1 목회자 역량개발 멘토

금번 목회자 멘토 프로젝트는 그동안 수십 년간 힘들고 어렵게 간직한 목회 역량 가치를 은퇴라는 순간에 모두를 상실해 버리므로 개인적으로, 교회적으로 큰 손실을 받게 되는 안타까운 현실에서 은퇴한 목회자와 현직에서 성공한 목회자 그리고 신대원교수 중에서 영향력 있는 목회자를 멘토로 추대하여 1:1로 인간관계를 맺어 후배에게 목회 역량을 전수시키고 후배와 더불어 더욱더 목회 역량의 시너지를 재창출하여 21세기 교회 경쟁력을 강화하고자 함이 목적이다.

1) 멘토 / 멘제 대상자 선발

멘토는 먼저 전문역량(Competency) 분야별로 자기소개서를 작성하여 인터넷에 올리고 멘제는 개인 취향과 형편에 맞게 멘토를 선택하여 1:1이나 1:다수로 연결하여 일정 기간 도움을 받는다.

목회역량－설교, 전도, 선교, 기도, 찬양, 심방, 개척, 신학, 교육(제
자훈련 등) 구역관리, Cell, 태신자, 두 날개 등

행정역량－행정, 조직관리, 재정, 건축, 재산, 수양관, 묘지, 홈페
이지, 전산시스템

개인역량－건강, 저술, 취미, 관계, 저서, 탁구, 테니스, 볼링, 골프 등

대외역량－리더십, 정치, 노회 총회 총대, 지역봉사, 경목, 청소년
선도, 방송

멘토대상	Matching	멘제대상
1. 성공 은퇴 목회자 2. 성공 현직 목회자 3. 신학대학원 교수	1:1연결 1년간 월 1회 이상 미팅	신대원 학생 중소교회 담임목회자 수습 중인 일반 목회자 농어촌 목회자 미자립 목회자 선교사 후보자

2) 1:1연결 멘토링 Human Touch

영향력 있는 목회자 멘토를 500명 확보하여 전산 프로그램으로
지원한다. 일반 전도나 선교와 달리 목회자 개인 역량 전수가 필수
적으로 우선순위가 되고 특별히 물적인 도움 등은 선택 사항이 되
도록 한다.

－목회자 역량개발 모임 카페

－목회자 동호외 모임 카페

－신대원생이 뽑은 자기교단 교수 멘토 Best 10명, 목회자 멘토
Best 100명

- 목회자가 뽑은 선배목회자 멘토 Best 100

- 목자가 뽑은 멘토 Best 100

- 인터넷 Best 멘토 중에서 선택하고 멘토링 활동을 1년 개시한다.

3) 멘토 인증 프로그램

멘토링 프로젝트에서 체계적이고 효과적인 멘토링 활동을 위하여 멘토로 참여자에게 특별교육 등 일정한 기준에 의하여 평가하고 인증서를 수여하여 멘토의 공훈과 책임의식과 목표의식을 고취한다.

(1) 교육수료 기간

(2) 멘토링 활동 기간

(3) 기타 수상경력

4) 멘토Pool 제도 전산시스템 운영

멘토링 활동은 멘토와 멘제가 1:1로 연결되면서부터 시작된다. 수십 쌍 정도는 Off Line상에서 프로그램 진행이 가능하나 수백 쌍, 수천 쌍의 상태에서는 On Line 전산시스넴이 필요하게 된다. 특히 전산시스템은 시간적, 공간적, 지역적, 관리적인 제한을 벗어나 인터넷상에서 최적의 연결(matching), 활동모니터링(Monitoring), 그리고 목표에 의한 성과 평가(Evaluating)가 온라인상에서 이뤄지므로 장기적인 차원에서는 저비용 고효율의 효과를 얻을 수 있게 된다.

구 분	주요 Theme	세부 프로그램	비 고
Function 기능	Matching 연결	1. 연결의 과학적인 Tool 2. 최적의 1:1연결	온라인상의 연결
	Monitoring 모니터링	1. 활동 중 문제점 모니터링 2. 목표에 의한 활동 유도	온라인상의 모니터링
	Evaluating 평가	1. 목표에 의한 중간 성과평가 시행 2. 목표에 의한 최종 성과평가 시행	온라인상의 평가
Contents 내용	사이버 교육	1. 모델5 – 15강의 2. 모델5 – 75Story 3. 모델5 – 60Study Tip	온라인상에서 교육
	영상 Story		
	자료 Tip		

*전산 시스템으로 온라인에서 처리하되 문제점은 Off line에서 면담하여 다룬다.

프로젝트 2 멘토링 리더십개발 교육

멘토로 추대된 목회자에게 예수님의 섬김 멘토링 리더십을 교육하여 멘토로서 역할을 체계적이고 기술적으로 성공할 수 있도록 하고 평신도, 주교교사 직분자 등에게 사역 리더십을 교육하여 멘토링 전문가 입장에서 교회 각 기관, 각 부서에서 멘토사역에 모범을 보일 수 있도록 하여 목회자와 평신도의 균형 목회를 이룰 수 있도록 하는 한편 크리스천 리더로 개발하는 데 역점을 둔다.

1) 교육과정

교육과정		시 간	비 고
멘토 양성과정	목회자반 주교교사반 평신도직분자반 청소년지도자반 신대원학생반	특강과정 4~8H 심화과정 20H	1. 소집 교육 2. 교회별 교육
전문가 양성과정	전문가 양성 강사자격 컨설턴트자격	20H 60H 80H	소집 교육
Workshop과정	멘토 / 멘제 활동개시	4~20H	현장교육
리더십 특별과정	담임목회사반	4H	소집교육

2) 멘토링 지도사 자격증 프로그램

멘토링 전문인력을 양성하는 차원에서 목회자를 대상으로 현장에서 전문적으로 강사와 컨설팅을 수행할 수 있는 인력을 체계적으로 양성한다.

(1) 강사자격과정 – 60시간 수료 후 수여

(2) 컨설턴트자격과정 – 80시간 수료 후 수여

3) Cyber 교육 과정

수강자의 인원수, 시간, 장소 등의 한계를 벗어나 인터넷상에서 자유롭게 수강할 수 있는 사이버교육 과정이다.

주소: ww.cmko.com[사이버교육]

(1) 멘토그룹 단체과정

(2) 전문가 양성 과정

프로젝트 3 멘토링 인재개발 Camp 프로젝트

멘토링 캠프는 1년간 목회자와 목회자, 평신도와 목회자, 그리고 청소년과 지도자를 1:1로 연결하여 1년 동안 멘토의 전인적인 삶의 조언으로 멘토와 같은 인격적인 리더로 재생산(Reproducting)하는 것을 목적으로 한다. 특히 정서 부분의 삶을 촉진하기 위하여 연 2회 가을과 겨울에 1:1로 한 쌍 참석을 원칙으로 야외 수련원에서 상견례 등 Workshop형태로 1~3일간 캠프를 진행한다.

캠프종류	캠프 기간	횟　수	비　고
청소년 캠프			
목회자 캠프	1~3일	여름 / 겨울 1회씩	1:1로 한 쌍씩 참석
평신도 캠프			
입시생 캠프			

[입시캠프대상]: 재학생이 멘토 되고 입시 준비생 멘제와 1년 연결
*총신, 장신, 한신, 침신, 감신, 고신, 성결 신대원 등 입시희망자와 대학원 재학생
*서울대, 연대, 고대 등 명문대학 입시희망자와 대학 재학생

프로젝트 4 멘토링 교회경쟁력 강화 컨설팅

1) 12개월 활동 분야 프로그램

멘토링 컨설팅은 먼저 전체 교회에서 인간성(Humanity) 바탕 위에 목회 생산성(Productivity) 확보를 목적으로 둔다. 먼저 교회 어느 분야에 멘토링을 적용할 것인가에 관심을 가져야 한다. 그 기준은 우리 교회에 취약한 부분과 우선 시행해야 할 중요한 부분을 설정해야 한다. 아래에 예시한 내용은 그동안 임상실험을 통하여 교회에 적용할 분야다.

경쟁력	멘토링 종류	주요 활동 내역	기대효과
양적 경쟁력	새 신자 정착률 향상 재적대 출석률 향상	− 새 신자와 직분자와 연결 * 직분자와 1:1로 세례까지 동행 − 재적부에 있으나 불출석자 선정 − 교회 가끔 출석이 부진자 선정 * 직분자와 1:1로 1년간 동행	− 이탈률 감소 − 재적대 출석률 향상 − 헌금률 향상
질적 경쟁력	평신도 리더개발 청소년 리더 개발	− 평신도 중 사역 / 봉사대상자 선정 − 청소년/대학생 리더 대상 선정 * 직분자와 1:1로 1년간 동행	− 멘토 리더 확보율 확대 − 청소년 교회 자긍심 향상
영적 경쟁력	중보기도 성취율 슬럼프 교인 회복률	− 특정 기도대상자 선정 − 슬럼프 교인 선정 − 교회 불평/불만자 선정 * 직분자와 1:1로 1년간 동행	− 사랑의 공동체 구축 − 봉사자 확보율 향상 − 교회사랑 Royalty 향상

2) 통합시스템 경쟁력 프로그램

(1) Off Line 프로그램 − 한 교회의 부서별, 기관별, 구역별로 수십 쌍을 현장에서 멘토링 활동을 수행할 수 있도록 한다.

(2) On Line 프로그램 − 전 교회별로 수백 / 수천 쌍을 전산시스템을 통한 멘토링 활동을 수행할 수 있도록 한다.

3) 12개월 멘토 / 멘제 미팅활동 소재

구 분	목 표	영 역	활동과정 미팅 범위
인격적 Character	하나님과 화목하기 거룩한 자존심회복	예배, 성례, 교리	예배, 예전, 성경, 하나님, 예수님, 성령, 인간, 신앙고백, 영적 체험, 기도, QT, 기독교세계관, 기독교 교리(웨스트민스터 표준서)
공동체적 Communal	이웃과 관계성 확립	교제, 침교, 믿음의 생활화	교회생활, 교회직분, 이성교제, 배우자 선택, 결혼준비, 순결, 성, 기독교가정, 부모 됨, 우정, 지역사회, 미디어, 대화법, 예의범절
참여적 Participatory	사회와 관계성 확립	믿음의 실천, 봉사, 섬김	학교 및 전공선택, 직업선택, 소명확인, 선교훈련, 은사개발, 사회봉사, 리더십, 개발, 세계시민, 다문화, 디지털환경, 정치, 경제, 세계질서, 국제화, 오락, 주초문제, 대중문화, 미디어 분별 및 활용

멘토링목회
경쟁력탄생

초판인쇄 | 2010년 3월 5일
초판발행 | 2010년 3월 5일

지은이 | 류재석
펴낸이 | 채종준
펴낸곳 | 한국학술정보㈜
주　소 | 경기도 파주시 교하읍 문발리 파주출판문화정보산업단지 513-5
전　화 | 031) 908-3181(대표)
팩　스 | 031) 908-3189
홈페이지 | http://www.kstudy.com
E-mail | 출판사업부　publish@kstudy.com
등　록 | 제일산-115호(2000. 6. 19)

ISBN　978-89-268-0864-1 13320 (Paper Book)
　　　　978-89-268-0865-8 18320 (e-Book)

이담Books 는 한국학술정보(주)의 지식실용서 브랜드입니다.